Süßes Satt

... nicht nur zum Nachtisch

© AVA Verlag Allgäu GmbH – 2. Auflage 2007

Herausgeber und Verlag:
AVA Verlag Allgäu GmbH
Postfach 31 53 – 87440 Kempten/Allgäu
Telefon: (08 31) 5 71 42-0 – Fax: 7 90 08

Redaktion und Konzept: Maria Anna Weixler-Schürger
Layout: Brigitte Weixler
Titelfoto: Sabine Buchmann
Titelgestaltung: Brigitte Weixler

Gesamtherstellung:
AVA Verlag Allgäu GmbH
Porschestraße 2 – 87437 Kempten

Im Italienischen gibt es den Ausdruck »Dolce far niente« – »Süßes Nichtstun«. »Dolci« sind die Süßigkeiten – süße Sachen, die das Leben zum Genuss werden lassen.

Auch bei den Franzosen endet keine Mahlzeit ohne Dessert. Und seien es nur ein paar Früchte. Liebevoll präsentiert, wird sich der Magen einer solchen Kleinigkeit niemals verschließen, wenn es das Auge erst für gut befunden hat. Auch, wenn man eigentlich keinen Hunger mehr hat.

Süßes geht bekanntlich immer. Auch wir in Deutschland wissen Süßes zu schätzen. Und zwar nicht nur als Nachspeise. Gerade in unserer Region gibt es auch zahlreiche Rezepte für Hauptspeisen, die ebenfalls süß sind. Kombiniert mit der reichhaltigen Auswahl an Obst und Beeren, die es bei uns gibt, sind diese Speisen ein wahres Gedicht. Nicht nur Kinder, auch die meisten Männer sind dafür zu begeistern.

Eine bunte Palette an Nachspeisen und süßen Hauptspeisen finden Sie in diesem Buch. Bäuerinnen und Landfrauen haben erneut ihre Küchentüren geöffnet und ihre Lieblingsrezepte verraten.

Genießen Sie das Leben, das so süß sein kann! Gönnen Sie sich ab und zu einen süßen Genuss!

Viel Spaß beim Nachkochen
wünscht

Maria Anna Weixler-Schürger

Inhalt

Amaretti-Nektarinen	10	Apfeltaschen	39
Ambrosiacreme	11	Apfeltaschen aus Hefeteig	40
Ananas-Buttermilch-Speise	12	Apfel-Tiramisu	41
Ananas-Quarkcreme	13	Apfel-Tiramisu	42
Ananas-Quark-Creme	14	Apfeltraum	43
Ananascreme	15	Apfeltraum mit Amaretto	44
Ananascreme	16	Apfelwaffeln	45
Äpfel im Schlafrock	17	Appeltat	46
Äpfel im Schlafrock	18	Bananensplitt	47
Apfel-Datschi	19	Bananen-Joghurt-Creme	48
Apfel-Joghurt-Speise	20	Bananen-Quark-Tiramisu	49
Apfel-Milchreis-Auflauf	21	Beeren-Quark-Gratin	50
Apfel-Quark-Auflauf	22	Beeren-Quark-Tiramisu	51
Apfel-Quark-Auflauf	23	Beerengrütze	52
Apfel-Quark-Dessert	24	Beerensülze in Vanillesoße	53
Apfel-Reis-Auflauf	25	Birnenauflauf	54
Apfel-Streusel-Muffins	26	Birnentraum	55
Apfelbiskuit	27	Birnenauflauf à la Sacher	56
Apfelgratin mit Makronen	28	Biskuit-Früchteraupe	58
Apfelkrapfen	29	Blätterteigbirne	59
Apfelkrapfen gedämpft	30	Blechkuchen mit Beerenvariation	60
Apfelkrapfen mit Weinschaumsoße	31	Blitz-Grießigel	61
Apfelküchle	32	Bratapfel mit Rum	62
Apfelküchle	33	Buchteln mit Kirschen	
Apfelmelodie	34	und Vanillesoße	63
Apfelquark	35	Buttermilch-Sahne-Creme	64
Apfelschnitten	36	Dampfnudeln	65
Apfelstrudel	37	Dessert Afternoon	66
Apfelstrudel mit Milch	38	Dinkel-Apfelwaffeln	67

Donauwellen-Creme mit Kirschen	68	Gratinierte Pfirsiche	97
Eierlikör-Schoko-Creme	69	Grießauflauf mit heißer Milch	98
Eierlikör-Schoko-Muffins	70	Grießflammeri	
Eierlikör-Parfait	71	mit Erdbeeren und Kiwi	99
Eiskaffee	72	Grießigel	100
Erdbeer-Amaretto-Salat	73	Grün auf Grün	101
Erdbeer-Joghurt-Creme	74	Haferflocken-Auflauf	102
Erdbeer-Joghurt-Creme	75	Heidelbeercreme	103
Erdbeer-Quark-Tiramisu	76	Herbstfrucht-Welle	104
Erdbeer-Tiramisu mit Orangenlikör	77	Himbeer-Bananen-Dessert	105
Erdbeercreme mit Mascarpone	78	Himbeer-Sorbet	106
Erdbeercreme mit Schokoraspeln	79	Himbeer-Traum	107
Erdbeereis	80	Himbeer-Traum	108
Erdbeer-Tiramisu	81	Himbeer-Tiramisu	109
Erdbeer-Tiramisu mit Mascarpone	82	Himbeer-Tiramisu	110
Falsche Himbeer-Mascarpone	83	Himbeer-Tiramisu	111
Faschingskrapfen	84	Himbeer-Tiramisu kalorienarm	112
Feine Johannisbeerschnitten	85	Hirse-Quark-Creme	113
Feine Quarkknödel	86	Hörnchen	114
Feine Waffeln	87	Holdermus	115
Ferdinandeln	88	Holdersuppe	116
Ferdinandeln	89	Holunder- und Apfelküchle	117
Fernandeln	90	Holunderkompott	118
Flambierte Bananen auf Vanilleeis	91	Holunderpudding mit Joghurthaube	119
Früchte-Tiramisu	92	Joghurt-Ananas-Becher	120
Früchte-Tiramisu	93	Joghurt-Creme	121
Früchte-Tiramisu	94	Joghurtcreme »Fürst-Pück'er-Art«	122
G'walte Kiechle	95	Joghurt-Grießspeise	123
Gefüllte Bratäpfel mit Vanillesoße	96	Joghurt-Johannisbeer-Becher	124

Joghurt-Mint-Creme auf Sauerkirschen	125
Joghurt-Mousse	126
Joghurt-Nocken auf Kirschen	127
Joghurt-Nockerl	128
Joghurt-Orangen-Creme	129
Joghurt-Schokoladen-Mousse	130
Joghurt-Türmchen mit Kiwi	131
Johannisbeer-Mousse	132
Johannisbeer-Quark-Schichtspeise	133
Johannisbeer-Schichtspeise	134
Johannisbeer-Stopfer	135
Kaffeecreme	136
Kaffeecreme Budapester Art	137
Kaiserschmarrn	138
Kalter Hund	139
Karamelisierte Orangen-Äpfel	140
Kirschpfannkuchen vom Blech	141
Kiwi-Orangen-Becher mit Zitronenquarkcreme	142
Knusperäpfel	143
Kirsch-Quarkspeise	144
Knuspermuffins	145
Kokosmousse	146
Kokospudding mit Himbeersoße	147
Lasagne-Becher mit Beeren	148
Lebkuchen-Mascarpone-Creme mit Himbeeren	149
Liebescreme	150
Mandarinen-Quark	151
Mandarinen-Quark-Creme	152
Mango-Tango	153
Maracuja-Mousse mit Obstsalat	154
Mascarpone-Amaretti-Dessert	155
Mascarpone-Creme mit Himbeeren	156
Mascarpone-Creme mit Pfirsich	157
Mascarpone-Himbeer-Becher	158
Mohn-Mousse	159
Mokka-Quark-Speise	160
Mousse au chocolat	161
Mousse au chocolat auf Fruchtspiegel	162
Müsli mit Joghurt und Früchten	163
Natron-Küchle	164
Nonnenfürzle	165
Nussauflauf	166
Nussbuchteln mit Glühweinweichseln	167
Obst- und Beerengelee	169
Ofenschlupfer	170
Omas Grießauflauf	171
Orangen-Creme	172
Orangen-Creme	173
Orangen-Creme	174
Orangen-Minz-Creme	175
Orangen-Gelee	176
Orangenlikör	177
Orangen-Quark	178

Orangen-Tiramisu	179
Palatschinkensackerl	
mit Quarkfülle auf Nougatsoße	180
Panna Cotta	181
Panna Cotta mit Erdbeersoße	182
Pfannkuchen beschwipst	183
Pfannkuchenstrudel	
mit Quarkfüllung	184
Pfirsichcreme mit Mandelkeksen	185
Pfirsichblätterteig	186
Pfirsich-Quark-Schichtspeise	187
Quark-Creme mit Sahnehaube	188
Quark-Kirschauflauf	189
Quark-Mascarpone-Creme	190
Quark-Mousse auf Himbeerspiegel	191
Quark-Pfirsich-Creme	192
Quark-Reis-Auflauf	193
Quarkauflauf	194
Quarkauflauf mit Äpfeln	195
Quarkknödel mit Kompott	196
Quarkknödel mit Sauerkirschen	198
Quark-Sauerkirschauflauf	200
Reisberg	201
Reiskrapfen	202
Rhabarber-Erdbeer-Grütze	203
Rhabarber-Mascarpone-Creme	204
Rhabarbermousse	
auf Himbeerspiegel	205
Ringlottenknödel	206

Rohrnudeln	207
RoRa-Obstsalat	208
Rote Grütze	209
Rote Grütze mit Zimtsoße	210
Rotweinpflaumen	211
Rotweinzwetschgen	212
Ruck-Zuck-Nachspeise	213
Rumäpfel	214
Rumtopf	215
Schokoladen-Semmelauflauf	216
Schokoladenmus mit Bananensalat	
und glasierten Pfirsichen	217
Sahne-Reis mit Vanille	218
Sahnequarkcreme	
»Schwarzwälder Art«	219
Sahnewaffeln	220
Sandwaffeln	221
Sauerkirschen-Schnecken	222
Scheiterhaufen	223
Schlummeräpfel	224
Schneebälle	225
Schneller Nachtisch	226
Schokoladenmousse schnell	227
Schoko-Tiramisu	228
Schokocreme	229
Schokokuss-Mandarinenquark	230
Schokokuss-Schichtspeise	231
Schokopudding	
»Schwarzwälder Art«	232

Schokosahne	233	Überbackene Pfannkuchen	
Schottischer Traum	234	mit Apfelfüllung	264
Schwanentraum	235	Vanille-Himbeer-Traum	265
Schwarz-Weiß-Muffins	236	Vanille-Orangen-Creme	266
Schwarzwaldbecher	238	Vanilleäpfel	267
Schwarzwälder Kirschbecher	239	Vanillepudding mit Himbeer-	
Schwarzwälder Kirschbecher	240	oder Kirschsoße	268
Schwarzwaldbecher	241	Vanillewaffeln	269
Schwarzwälder Kirschcreme	242	Versteckte Früchtchen	270
Stracciatella-Quark	243	Vitaminbecher	271
Süße Haushaltswaffeln	244	Vitamindessert	272
Süße Lasagne	245	Weihnachts-Schoko-Dessert	273
Süße Lasagne	246	Weiße Mousse-au-chocolat	274
Süßer Kuss	247	Weiße Mousse »blitzschnell«	275
Süßer Nudelauflauf	248	Windbeutel	276
Süßer Schwan	249	Winterapfel	277
Tiramisu	251	Zebra-Creme	278
Tiramisu	252	Zimtparfait	
Tiramisu – leicht	253	mit heißen Sauerkirschen	279
Tiramisu ohne Ei	254	Zitronen-Quarkcreme	
Topfenknödel	255	mit Erdbeersoße	280
Topfenpalatschinken	256	Zitronencreme	281
Traubencocktail	257	Zitronencreme mit Erdbeeren	282
Traubencreme	258	Zitronencreme mit Sahne	283
Traumcreme	259	Zwetschgen-Bonbon	284
Tropical-		Zwetschgenbavesen	285
Mandarinen-Dessert	260	Zwetschgenknödel	286
Tutti Frutti	261	Zwetschgen-Törtchen	287
Überbackene Pfannkuchen	263	Zwieback-Dessert	288

Süßes Satt

... nicht nur zum Nachtisch

Amaretti-Nektarinen

Zutaten:
2 reife große Nektarinen
1/2 rosa Grapefruit
4 EL Süßwein
4 EL Honig
4 große Amarettini
(italienische Mandel-
makronen)
200 g Crème fraîche
1/4 TL gemahlener Zimt
etwas Butter
4 Blatt Alufolie (20 mal 20 cm) oder Gratinförmchen

Nektarinen waschen, abtrocknen und am Stein entlang halbieren, Stein entfernen. Grapefruit schälen, in 4 Scheiben schneiden. Süßwein mit 2 EL Honig verrühren. Backofen auf 200 Grad vorheizen. Gratinförmchen einfetten. Je eine Grapefruitscheibe in die Mitte legen. Nektarinen mit der Schnittseite nach oben darauf setzen. Je einen Amarettini in die Höhlung der Nektarine geben. Weinmischung darüber gießen. Förmchen auf der mittleren Schiene 15 Minuten garen. Crème fraîche mit dem restlichen Honig und Zimt verrühren. Die Förmchen jeweils auf einen Teller stellen. Mit der Honigsahne garnieren und servieren. Wenn Alufolie verwendet wird, genauso füllen, Folie hochziehen und die Wein-Honig-Mischung darüber gießen. Folie dicht verschließen. Garen wie oben beschrieben.

Von Cornelia Fischer,
Immenhofen

Ambrosiacreme

Zutaten:
500 g Kirschen
8 Blatt Gelatine
1/2 l Sauerrahm
100 g Zucker
3 Tropfen Rumaroma
1 Päckchen Vanillezucker
1 Becher Sahne
1 Päckchen Sahnesteif
1 TL Zucker

Kirschen waschen, entstielen, abtropfen lassen. Gelatine 5 Minuten in kaltem Wasser einweichen, ausdrücken, im Wasserbad auflösen, abkühlen lassen. Sauerrahm schaumig schlagen, Zucker, Rumaroma und Vanillezucker dazugeben. Die abgekühlte Gelatine unter die Creme rühren. Abwechselnd Sauerrahmmasse, Kirschen und Schlagsahne in Gläser füllen. Mit restlicher Sahne und Kirschen verzieren.

Von Amalie Hörmann,
Betzigau

Ananas-Buttermilch-Speise

Zutaten:
1/2 l Buttermilch
6 Blatt Gelatine
60 g Zucker
1 Dose Ananaswürfel
1 Becher Sahne

Gelatine einweichen, auflösen und unter die Buttermilch rühren, Zucker dazu rühren. Sahne steif schlagen. Ananas abtropfen und mit der Sahne unter die Buttermilchmasse heben. Kalt stellen. Eventuell mit Ananasstücken garnieren.

Von Christine Harscher,
Bad Wurzach
Bild: Sandra Walk

Ananas-Quarkcreme

Zutaten:
1 große Dose Ananas
7 Blatt weiße Gelatine
120 g Zucker
4 Eigelb
6 EL Ananassaft
2 Zitronen
500 g Sahnequark
150 g Crème fraîche
1 Becher Schlagsahne
1 Päckchen Vanillezucker

Kann man auch mit Mandarinen oder anderem Obst machen.

Gelatine in kaltem Wasser einweichen. Die Hälfte der Ananas in kleine Stücke schneiden. Zucker, Eigelb und Ananassaft zu einer dicklichen weißen Creme aufschlagen. Die tropfnasse Gelatine in einem Topf erwärmen, auflösen und unter die Creme rühren. Zitronen heiß waschen, trocknen und die Schale in die Creme reiben. Quark mit Crème fraîche glatt rühren. Sahne mit Vanillezucker steif schlagen. Sobald die Ananascreme beginnt dicklich zu werden, den Quark und dann die Sahne unterheben. Im Kühlschrank 3 Stunden kühl stellen. Die restlichen Ananasscheiben in Dreiecke schneiden und die Quarkcreme damit garnieren.

Von Claudia Schuhmacher, Sinningen

Ananas-Quark-Creme

Zutaten:
1 Dose Ananasstücke (groß)
1 Päckchen Vanillepuddingpulver
60 g Zucker
500 g Magerquark
Saft einer Zitrone
200 g Sahne
Zum Verzieren:
etwas Sahne
Ananasstücke
Kakao

Ananas abtropfen lassen. Mit Ananassaft, Zucker und Vanillepuddingpulver einen Pudding kochen. Quark und Zitronensaft in heißen Pudding geben und abkühlen lassen. Sahne steif schlagen und bis auf einen kleinen Rest (zum Verzieren) dazurühren. Ein paar Ananasstücke zum Verzieren bei Seite legen, den Rest in kleine Obstschälchen verteilen. Abgekühlten Puddingquark darüber geben. Mit zurückbehaltener Sahne und den Ananasstücken verzieren.

Von Karin Reichard,
Wildpoldsried

Ananascreme

Zutaten:
4 Blatt Gelatine
1 Dose Ananas
3 Eigelb
80 g Zucker
1/4 l Ananassaft
1/2 Zitrone
3 Eiweiß
1 Becher Sahne

Creme am besten am Vortag herstellen und vor dem Servieren garnieren.

Von Sigrid Stachel, Waltenhofen

Gelatine in kaltem Wasser einweichen (etwa 10 Minuten). Ananas abtropfen lassen. Eigelb, Zucker, Ananassaft und Saft von Zitrone zu einer Schaummasse verrühren. Gelatine in 2 bis 3 EL Wasser auflösen. Eiweiß steif schlagen. Halben Becher Sahne steif schlagen. Beides unter die angesteifte Creme rühren. Ananasstücke unter die Creme heben (einige zum Garnieren zurück behalten). In Portionsschälchen abfüllen. Kalt stellen. Die andere Hälfte der Schlagsahne schlagen und auf die fest gewordene Creme garnieren. Ananasstückchen verteilen.

Ananascreme

Zutaten:
7 Blatt weiße Gelatine
4 Eigelb
2 bis 3 EL Zucker
1/8 l Ananassaft
(aus der Dose)
3 bis 4 EL heißes Wasser
4 Eiweiß
1 Becher Sahne
1 Dose Ananasstücke

Gelatine in kaltem Wasser einweichen. Aus Eigelb und Zucker Schaummasse rühren, Ananassaft einrühren. Gelatine gut ausdrücken und mit etwas heißem Wasser auflösen. Die flüssige Gelatine schnell in die Schaummasse einrühren. Masse im Kühlschrank ansteifen lassen. Eiweiß zu steifem Schnee schlagen, Sahne steif schlagen und beides gleichmäßig in die angesteifte Masse einrühren. Creme abwechselnd mit Ananas in Glasschalen einschichten und garnieren.

Von Rita Wiedemann,
Breitenbrunn

Äpfel im Schlafrock

Zutaten:
4 Scheiben Tiefkühlblätterteig
4 große Äpfel
oder 8 kleine Äpfel
Zitronensaft
Marmelade
2 Eigelb
Puderzucker

Blätterteig auftauen lassen und in der Mitte halbieren. Äpfel schälen, Kernhaus ausstechen, große Äpfel quer einmal durchschneiden und mit Zitronensaft beträufeln. Den Blätterteig auf einer bemehlten Arbeitsfläche etwas ausrollen, in die Mitte den Apfel setzen und mit Marmelade füllen. Dann die Blätterteigecken locker über dem Apfel zusammenschlagen und mit dem Eigelb bestreichen. Bei 200 Grad 30 Minuten backen. Noch warm mit Puderzucker bestäuben und dazu Vanillesoße reichen.

Von Angelika Schleich,
Bidingen

Äpfel im Schlafrock

Zutaten:
Mürbteig:
250 g Mehl
1 Messerspitze Backpulver
50 bis 60 g Zucker
120 bis 140 g Butter
2 Eigelb
1 Ei

Zum Bestreichen:
1 Ei

Fülle:
6 bis 8 kleine Äpfel
2 bis 3 EL Marmelade

Von Gertraud Uhl,
Ottobeuren

Einen Mürbteig aus den Zutaten herstellen, kalt stellen. Äpfel vorbereiten: Äpfel schälen, Kernhaus ausstechen und mit Marmelade füllen. Teig auswellen, Vierecke entsprechend der Apfelgröße ausradeln, gefüllte Äpfel in die Mitte der Teigvierecke setzen, Teigecken mit Eiweiß bestreichen und über den Äpfeln locker zusammenschlagen, etwas andrücken. Auf die Mitte jeweils ein kleines ausgestochenes Teigplätzchen setzen, Äpfel kalt stellen. Vor dem Backen mit Eigelb bestreichen. Die Äpfel im Schlafrock auf ein gefettetes Backblech geben und bei 200 Grad etwa 20 Minuten backen. Erkaltet mit Puderzucker besieben.

Äpfel im Schlafrock
schmecken am Besten frisch.

Apfel-Datschi

Zutaten:

Falscher Hefeteig:
300 g Mehl
75 g Zucker
1 Päckchen Vanillezucker
1 Päckchen Backpulver
250 g Quark
5 EL Milch
5 EL Öl
1 Prise Salz

Streusel:
150 g Mehl
75 g Zucker
75 g Butter
1/2 Päckchen Vanillezucker
Etwas Zimt

Zubereitung: Die Zutaten für den Hefeteig alle zusammenkneten. Den Teig sofort in ein großes Blech geben und am Rand etwas andrücken.
1 Glas Apfelmus auf dem Hefeteig verteilen. 6 bis 7 Äpfel schälen und spalten, dann auf das Apfelmus legen, leicht zuckern. Zum Schluss die Streusel darüber streuen. Die Backzeit beträgt etwa 30 Minuten bei 175 Grad. Schmeckt sehr saftig und fein.

Von Siggi Lampert,
Nesselwang
Bild: Sandra Walk

Apfel-Joghurt-Speise

Zutaten:
1/2 EL Butter
250 g gehackte oder gemahlene Nüsse
50 g Haferflocken
2 EL Zucker
50 ml Sahne
250 g Naturjoghurt
1 Apfel
Saft von 1/2 Zitrone
etwas Zucker zum Abschmecken

Butter in einer Pfanne erhitzen, Haferflocken, Nüsse und Zucker darin rösten, abkühlen lassen. Joghurt mit Sahne verrühren. Apfel schälen und in den Joghurt hineinraspeln, mit Zucker und Zitronensaft abschmecken. Die abgekühlte Nuss-Haferflockenmasse unterheben.

Ist sehr schnell zubereitet!

Von Gabi Rölle,
Aichstetten

Apfel-Milchreis-Auflauf

Zutaten:
1/2 l Milch
500 g Äpfel
150 g Milchreis
200 g Speisequark
3 Eier
4 EL Zucker
Zitronenschale
1 Prise Salz

Milch mit der Hälfte des Zuckers, der Prise Salz und der Zitronenschale aufkochen. Den Reis waschen und einrieseln lassen. Ausquellen lassen. Eier trennen und das Eigelb mit dem Speisequark und dem restlichen Zucker verrühren. Eiweiß steif schlagen. Äpfel schälen, entkernen und kleinhobeln. Den erkalteten Reis mit dem Eierquark und den Apfelstücken mischen, das Eiweiß unterheben und alles in eine gefettete Auflaufform geben (mit Deckel). Bei 200 Grad 45 Minuten backen. Mit roter Grütze oder Vanilleeis servieren.

Von Rosemarie Meusburger, Waltenhofen

Schmeckt auch kalt!

Apfel-Quark-Auflauf

Zutaten:
750 g Äpfel
500 g Quark
1 Zitrone
125 g Zucker
3 Eier
60 bis 100 g Haferflocken
1/2 Päckchen Backpulver

Die Äpfel schälen, in Scheiben hobeln und mit etwas Zitronensaft beträufeln. Quark, Zucker, Eier und den restlichen Saft der Zitrone verrühren und danach die Äpfel untermengen. Nun werden die Haferflocken mit dem Backpulver vermischt und anschließend unter die Quarkmasse gegeben. Alles in eine gefettete Auflaufform füllen, die Oberfläche mit Haferflocken bestreuen und Butterflöckchen darauf verteilen. Den Apfel-Quark-Auflauf im vorgeheizten Backofen bei etwa 220 Grad (Gas Stufe 3) 1 Stunde backen.

Von Conni Schmölz,
Seeg

Haferflocken können auch
durch Semmelbrösel ersetzt werden.

Apfel-Quark-Auflauf

Zutaten:
750 g säuerliche Äpfel
Saft und Schale einer
1/2 Zitrone
2 EL Johannisbeergelee
oder Marmelade
Fett für die Form

4 Eier
150 g Zucker
2 Päckchen Vanillezucker
750 g Quark
1 1/2 Päckchen
Vanillepudding
2 EL Mandelblättchen

Äpfel schälen, Kerngehäuse ausstechen. Äpfel mit Zitronensaft beträufeln und mit Marmelade füllen. In eine gefettete Auflaufform stellen. Eier trennen, Eigelb mit Zucker, Vanillezucker und Zitronenschale schaumig schlagen, Quark und Puddingpulver zugeben. Eiweiß zu Schnee schlagen und unterheben. Auf die Äpfel geben und im vorgeheizten Backofen bei 175 Grad 40 Minuten backen. Mandelblättchen in einer Pfanne anrösten und über den Auflauf geben.

Schmeckt auch kalt sehr gut!

Von Manuela Merz,
Ruderatshofen

Apfel-Quark-Dessert

Zutaten:
5 mittelgroße Äpfel
1/4 l Wasser
1/2 Zitrone
50 g Zucker
50 g gekochte Mandeln
1 EL Zucker
1 EL Butter
1 Becher Sahne
250 g Quark (40 Prozent)
1 Päckchen Vanillezucker

Apfelkompott kochen und abkühlen lassen, Mandeln mit dem Butter und Zucker karamellisieren, abkühlen. Becher Sahne schlagen, Vanillezucker zugeben, Quark beimengen und gut verrühren. Apfelkompott in schöne Glasschüssel geben. Die steif geschlagene Sahne mit Quark in großen Tupfen verteilen. Die karamellisierten Mandeln auf das Kompott geben.

Von Annemarie Echtler,
Remnatsried

Apfel-Reis-Auflauf

Zutaten:
750 ml Milch
1 Prise Salz
150 g Rundkornreis
1 Vanilleschote
2 Eier
2 EL Zucker
500 g Äpfel
1 EL Zitronensaft
2 EL Puderzucker

Für die Form:
Butter

Die Milch mit dem Salz zum Kochen bringen, den Reis einstreuen und bei schwacher Hitze in etwa 30 Minuten ausquellen lassen. Den Reis dann abkühlen lassen. Den Backofen auf 200 Grad vorheizen. Eine feuerfeste Form mit Butter ausstreichen. Die Vanilleschote mit einem spitzen Messer längs aufschneiden und das Mark herauskratzen. Die Eier trennen. Die Eigelbe mit dem Zucker und dem Vanillemark verrühren und unter den Milchreis mischen. Die Eiweiße zu steifem Schnee schlagen und unter den Milchreis heben. Die Äpfel schälen, das Kerngehäuse ausstechen und dann in gleich dicke Scheiben schneiden. Abwechselnd Reis und Apfelscheiben in die feuerfeste Form füllen. Mit einer Schicht Äpfel abschließen. Die Apfelscheiben mit dem Zitronensaft beträufeln und dem Puderzucker besieben. Den Reisauflauf im Backofen auf der mittleren Schiene in etwa 20 Minuten goldgelb überbacken.

Von Claudia Holzmann,
Geisenried

Apfel-Streusel-Muffins

Zutaten für 12 Stück:
12 Papierförmchen
200 g Butter
225 g Mehl
1 gestrichenen TL Backpulver
100 g gemahlene Mandeln
30 g blütenzarte Haferflocken
150 g und 75 g Zucker
2 Päckchen Vanillezucker
1 Prise Salz
1/2 TL Zimt
750 g Äpfel
1 gehäufter TL Speisestärke
1/8 l Apfelsaft
2 EL Zitronensaft
abgeriebene Schale einer unbehandelten Zitrone

Die Papierförmchen in das Muffinblech geben. Butter schmelzen, Mehl mit Backpulver mischen. Mandeln, Haferflocken, 150 g Zucker, Vanillezucker, Salz, Zimt und zerlassene Butter zufügen. Alles mit dem Handrührgerät zu Streusel verkneten und etwa 1 Stunde kalt stellen. Äpfel schälen, entkernen und grob würfeln. Stärke und 2 EL Apfelsaft verrühren. Äpfel, Zitronensaft, Rest Apfelsaft, 75 g Zucker und Zitronenschale aufkochen und 4 bis 5 Minuten köcheln. Stärke einrühren, nochmals aufkochen. Auskühlen lassen. Gut die Hälfte Streusel in den Förmchen des Bleches verteilen, leicht andrücken. Kompott darauf verteilen. Rest Streusel darüber streuen. Im vorgeheizten Ofen (Elektroherd: 200 Grad, Umluft: 175 Grad) etwa 30 Minuten backen. Im Blech auskühlen lassen und mit Puderzucker bestäuben.

Von Monika Rabus, Memmingen

Apfelbiskuit

Zutaten:
6 bis 7 Äpfel
1 EL Zucker
1/2 TL Zimt
50 g Mandelstifte
2 bis 3 EL Semmelbrösel

Teig:
3 Eier
3 EL Wasser
100 g Zucker
120 g Mehl
1 Prise Backpulver

Die Äpfel schälen und in Scheiben schneiden, bissfest dämpfen. Äpfel, Zucker, Zimt und Mandelstifte mischen und in die Auflaufform geben. Semmelbrösel auf den Äpfeln verteilen. Aus Eiern, Wasser, Zucker, Mehl und Backpulver einen Biskuitteig herstellen. Teig auf den Äpfeln verteilen. Bei 180 Grad 15 bis 20 Minuten backen. Nach dem Backen mit Puderzucker bestreuen. Dazu passt am Besten Vanillesoße.

Von Luise Schorer,
Görisried

Apfelgratin mit Makronen

Zutaten:
500 g Äpfel
100 g Mandelmakronen
2 EL Zucker
2 Eier
5 EL Puderzucker
1 Päckchen Vanillezucker
250 g Magerquark
etwas Zitronensaft

Statt Äpfel kann man auch Rhabarber verwenden.

Von Brigitte Hipp-Weiß, Stötten

Äpfel schälen und in Spalten schneiden, mit Zitronensaft und Zucker vermengen. Drei Viertel der Makronen in einen Beutel geben und mit der Kuchenrolle zerdrücken. Restliche Makronen halbieren. Den Backofen auf 200 Grad vorheizen. Die Apfelstücke in eine flache, ofenfeste Form legen. Eier trennen, Eigelb mit Puderzucker, Vanillezucker und 2 EL Wasser zu einer dicklichen Creme aufschlagen. Quark unterrühren. Eiweiß steif schlagen und unterheben. Zerdrückte Makronen auf die Äpfel streuen und die Quarkmasse darauf verteilen. Gratin auf der zweiten Einschubleiste von unten etwa 20 Minuten überbacken und mit halbierten Makronen garnieren.

Apfelkrapfen

Zutaten:
Teig:
200 g Mehl
2 Eier
1 Prise Salz

Füllung:
4 Äpfel
1 TL Zimt
1 EL Zucker

Nudelteig herstellen, Äpfel schälen und entkernen und in dünne Scheiben schneiden. Diese mit Zucker und Zimt mischen. Nudelteig in 4 Portionen teilen, dann sehr dünn auswellen und mit Äpfeln belegen, aufrollen und in 5 bis 6 cm breite Streifen schneiden. In eine Pfanne mit wenig Fett stellen und 20 Minuten dünsten.

Von Gertrud Teibtner,
Stötten

Apfelkrapfen gedämpft

Zutaten:
1 kg Äpfel
500 g Weizenmehl
2 EL Öl
2 EL Essig
etwas Salz
1 Ei
etwa 200 bis 250 ml Wasser
Rosinen, Zimt, Zucker
30 g Butter oder Margarine
300 ml Wasser
2 EL Zucker

Schmeckt besonders den Kindern. Spart Zeit, ist billig und gut.

Äpfel schälen, Kerngehäuse entfernen und in kleine Schnitze schneiden. Teig aus Mehl, 1 Ei, Öl, Essig, Salz und Wasser so machen, dass er nicht zu feucht und nicht zu trocken ist. Die Wassermenge auf die Beschaffenheit des Teigs abstimmen. Teig ausrollen, Äpfel darauf verteilen, mit Rosinen, Zimt und Zucker bestreuen. Auf der Herdplatte Pfanne mit Deckel bereitstellen. Nun Wasser, Butter und 2 EL Zucker zum Kochen bringen. Teig mit Äpfeln zusammenrollen und in etwa 4 cm dicke Stücke schneiden. Dann in die Pfanne setzen und bei geschlossener Pfanne ungefähr 30 Minuten leicht bei mittlerer Hitze dämpfen. Es darf auch eine leichte Kruste geben.

Von Christine Schorer, Görisried

Apfelkrapfen
mit Weinschaumsoße

Zutaten:
3 Äpfel
Zitronensaft
8 EL Mehl
1/8 l Milch
2 Eier getrennt
Mehl zum Wälzen
reichlich Fett zum Ausbacken
Zimtzucker zum Bestäuben

Soße:
4 Eigelbe
2 EL Puderzucker
2 EL Eierlikör
8 EL Weißwein

Ohne Soße auch für Kinder zum Knabbern geeignet!

Von Beate Rösch, Frauenzell

Äpfel schälen, entkernen, in fingerdicke Scheiben schneiden und mit Zitronensaft beträufeln, dass sie sich nicht braun färben. Aus Milch und Mehl einen dickflüssigen Teig herstellen, Salz zufügen und die Eigelbe gut unterrühren. Eiweiß steif schlagen und portionsweise unterheben. Apfelringe in Mehl wenden, durch den Teig ziehen und in schwimmendem Fett 3 bis 4 Minuten backen. In Zimtzucker wälzen und warm stellen. Da die Schaumsoße im Wasserbad zubereitet wird, zunächst einen großen Topf mit Wasser erhitzen. Die Eigelbe in eine Metallschüssel geben, gut mit dem Puderzucker verrühren. Dann in einer Schüssel über heißem (nicht kochenden) Wasser zuerst den Eierlikör, dann den Wein nach und nach zugeben. Mit dem Schneebesen kräftig schlagen (ständig), bis eine schaumige, cremige Konsistenz entsteht. Die Soße lauwarm zu den Apfelküchlein servieren.

Apfelküchle

Zutaten:
250 g Mehl
1 Würfel Hefe
1 EL Zucker
250 ml Milch
4 kleine Eier
Zitronenschale
Salz
500 g Äpfel
(vorbereitet gewogen)
Fett zum Backen
Zimt-Zucker

Wenn Zimt-Zucker separat dazu gereicht wird, lassen sich übrige Kiachla leichter aufwärmen.

Aus Mehl, Hefe, Zucker und etwas warmer Milch einen Vorteig rühren. Zugedeckt auf etwa doppelte Größe gehen lassen. Dann Eier, Zitronenschale, Salz und so viel warme Milch darunter schlagen, bis der Teig in der Festigkeit zwischen Spätzle und Pfannkuchenteig ist. Während der Ruhezeit Äpfel schälen, Kernhaus und Schadstellen ausschneiden und in knapp 1/2 cm große Stücke schnipseln. Sollten die Apfelstücke braun werden, sofort unter den Teig heben (portionsweise). Mit EL in die Pfanne mit etwas heißem Fett geben und flachdrücken. Bei nicht zu viel Hitze beidseitig braun backen. Auf warmer Platte anrichten (mit Zimt-Zucker bestreuen). Mit Schlagsahne ein prima Kuchen zum Kaffee.

Von Christa Leutherer,
Obergünzburg

Apfelküchle

Zutaten:
4 große Äpfel
2 EL Zucker
150 g Mehl
Salz
2 Eier getrennt
1/8 bis 1/4 l Milch
1 EL Öl
Fett
Puderzucker

Äpfel vom Kernhaus befreien, in dicke Scheiben schneiden. Aus Mehl, Salz, Eigelb, Milch und Öl dickflüssigen Teig herstellen, zuletzt den Eischnee unterheben. Die Apfelscheiben im Teig wenden, in heißem Fett schwimmend oder ir einer Pfanne auf beiden Seiten goldgelb backen. Abtropfen lassen, mit Zucker bestreuen. Auf diese Weise können auch Ananasscheiben, halbierte Birnen, Pflaumen und halbierte Pfirsiche gebacken werden.

Dazu kann man Vanillesoße
oder geschlagene Sahne reichen.

Von Margot Meggle,
Marktoberdorf

Apfelmelodie

Zutaten:
Apfelmus:
600 g Äpfel
Zitronenschale
40 g Zucker
1/2 Päckchen Vanille-
zucker
1 EL Wasser

250 g Quark
250 g Mascarpone
1 EL Zucker
1 EL Milch
1/4 l Sahne
100 g Löffelbiskuits
Apfelsaft
Kakao

Zuerst das Apfelmus zubereiten und abkühlen lassen. Eine flache Form mit Löffelbiskuits auslegen und mit Flüssigkeit beträufeln. Das Apfelmus darauf verteilen. Quark, Mascarpone, Milch und Zucker verrühren. Die Sahne steif schlagen und unterheben. Die Masse auf das Apfelmus streichen, kühl stellen und durchziehen lassen. Vor dem Servieren mit Kakao bestäuben. Guten Appetit!

Am Besten am gleichen Tag noch essen.

Von Patricia Stöckeler,
Legau
Bild: Andrea Wiedemann

Apfelquark

Zutaten:
1/2 l Milch
1 Päckchen Vanillepudding
500 g Quark
1 Becher Sahne
2 bis 3 Äpfel
etwas Milch
1 Fläschchen Butter-
vanille-Aroma
Vanillezucker
Zucker nach Geschmack
Schokoraspel

Im Winter verwende ich statt Buttervanille-Aroma Zimt.

Von Christine Burghausen, Ruderatshofen

Zubereitung: Aus dem 1/2 l Milch und dem Vanillepudding nach Packungsanleitung einen Vanillepudding kochen, kalt werden lassen. Den Quark mit etwas Milch, Zucker, Vanillezucker und Buttervanille-Aroma cremig rühren. Die Äpfel fein raspeln und mit dem erkalteten Pudding zur Quarkcreme geben. Zum Schluss die steif geschlagene Sahne unterheben. In Gläser füllen und mit Schokoraspeln verzieren.

Apfelschnitten

Zutaten:
Rührteig:
200 g Butter
200 g Zucker
1 Päckchen Vanillezucker
2 Eier
250 g Mehl
1 bis 2 TL Backpulver

Fülle:
100 g Mandeln
30 g Zucker
2 TL Zimt
1 kg Äpfel
Zucker
Vanillezucker
1 Päckchen Vanillepudding
1 Flasche Sahne

Einen Tag durchziehen lassen.

Einen Rührteig herstellen und ihn in zwei Teilen 15 Minuten bei 175 Grad backen. Teig auskühlen lassen. Mandeln, Zucker und den Zimt mischen und auf den Rührteig verteilen. Für die Fülle 1 kg Äpfel raspeln, mit etwas Zucker und Vanillezucker dünsten und 1 Päckchen Vanillepudding binden. Auskühlen lassen. Die Äpfel auf den ersten Boden verteilen. 1 Flasche Sahne schlagen, auf die Äpfel geben und den zweiten Boden darauf legen. Mit Puderzucker bestreuen und in kleine Apfelschnitten schneiden.

Von Silvia Knauer,
Eggenthal

Apfelstrudel

Zutaten:
Strudelteig:
250 g Mehl
etwas Salz
1 bis 2 EL Öl oder
20 g zerlassene Butter
1 Ei
bis 1/8 l lauwarmes
Wasser

Fülle:
1 1/2 bis 2 kg Äpfel
50 bis 100 g Zucker
50 g Rosinen oder
Weinbeeren
50 g Haselnüsse oder
Mandeln
1 bis 2 EL Rum

Zum Backen:
30 g Butter
1/4 l Milch
1 Eigelb
Puderzucker

Hierzu passt sehr gut eine Vanillesoße!

Von Gertraud Uhl, Ottobeuren

Strudelteig herstellen, in zwei Portionen teilen, mit Öl bepinseln und zugedeckt ruhen lassen. Für die Fülle: Äpfel schälen, fein schnitzeln oder hobeln, Rosinen dazugeben und nach Belieben Haselnüsse oder Mandeln beifügen. Zuletzt Zucker und Rum zugeben und alles gut mischen. Zerlassene Butter in feuerfeste Form geben. Strudelteig auf bemehltem Backbrett auswellen. Die halbe Fülle auf dem Teig gleichmäßig verteilen, locker aufrollen, Ränder einschlagen und vorsichtig in die Form geben. Mit dem zweiten Teig genauso verfahren. Dann 1/4 l Milch seitlich dazugeben. Zuletzt mit Eigelb bestreichen. Bei 200 Grad 30 bis 40 Minuten backen. Mit Puderzucker leicht besieben.

Apfelstrudel mit Milch

Zutaten:
Teig:
300 g Mehl
30 g Öl (auch Olivenöl)
1 Ei
125 ml warmes Wasser
1 Prise Salz

Füllung:
1 kg Äpfel
50 g gehackte Nüsse
50 g Rosinen
80 g Zucker
1 TL Zimt
etwas Zitronensaft
150 ml Milch

Dazu passt Vanillesoße.

Aus dem Mehl, Öl, Ei, Salz und dem warmen Wasser einen geschmeidigen Teig herstellen. Die Äpfel schälen, entkernen und in sehr kleine Stücke schneiden, die Apfelstücke mit Zitronensaft beträufeln. Zucker, Zimt, gehackte Nüsse und die Rosinen zu den Apfelstücken geben und alles gut vermischen. Den Teig auf einer bemehlten Arbeitsfläche sehr dünn auswellen. Die Apfel-Nuss-Rosinenmischung auf dem Teig gleichmäßig verteilen. Den Teig aufrollen und mit etwas Milch bestreichen. Vorsichtig auf ein Blech geben und alles bei 200 Grad etwa 40 bis 50 Minuten backen. Im letzten Drittel der Backzeit die Milch über den Strudel gießen.

Von Elisabeth Räth,
Leutkirch

Apfeltaschen

Zutaten:
250 g Mehl
1 Päckchen Backpulver
1/2 TL Salz
200 g Butter
250 g Quark

Füllung:
6 bis 8 Äpfel
Zucker
Zimt

Guss:
Puderzucker
etwas Zitronensaft
etwas Wasser

Teigzutaten vermischen, den Teig kalt stellen. Für die Füllung: Äpfel in kleine Würfel schneiden, Zucker und Zimt vermischen. Den Teig ausrollen und etwa 8 cm große Quadrate ausschneiden. Die Füllung auf die Quadrate geben und zu Dreiecken zusammenlegen. Die Ränder gut andrücken. Die Taschen auf ein Backblech geben. Bei 175 Grad etwa 20 Minuten backen. Apfeltaschen noch warm mit der Glasur überziehen.

Von Doris Felder,
Röthenbach

Apfeltaschen aus Hefeteig

Zutaten:
Mittelfesten Hefeteig
aus 500 g Mehl

etwa 1 bis 1 1/2 kg Äpfel
Zitronensaft
50 g gemahlene
Haselnüsse
100 g Zimtzucker
geriebene Zitronenschale
50 g Sultaninen
1 Päckchen Vanillezucker
1 Becher Sauerrahm oder
Crème fraîche

Hefeteig herstellen und gehen lassen. Auf einem bemehlten Backblech zu einem Rechteck von 5 mm Stärke ausrollen. 10 cm große Quadrate ausradeln und 1 EL Fülle in die Mitte setzen. Zu Taschen oder Dreiecken zusammenklappen und gut verschließen. Auf ein mit Backpapier belegtes Backblech setzen und nochmals gehen lassen. Dann mit Eigelb, eventuell auch mit Milch verdünnt, bestreichen und bei 175 Grad 25 bis 30 Minuten im Ofen backen. Die erkalteten Taschen mit Puderzucker bestreuen.

Von Heiderose Rabus,
Memmingen

Apfel-Tiramisu

Zutaten:
300 g Löffelbiskuit
2 kleine Gläser Apfelkompott (oder selbst gemachtes)
100 g Mandelblättchen
500 g Schmand
500 g Mascarpone (kann auch mit etwas Joghurt gestreckt werden, ist dann nicht so fett)
4 EL Zucker
2 EL Vanillezucker
Amaretto

Kann auch mit jedem anderen Obst gemacht werden.

Von Resi Barnsteiner, Marktoberdorf
Bild: Sandra Walk

Löffelbiskuits in eine Auflaufform legen, mit Amaretto tränken. Apfelkompott darüber geben. Schmand, Mascarpone (oder Joghurt-Mascarpone-Mischung), Zucker, Vanillezucker und etwas Amaretto verrühren und über die Löffelbiskuits geben. Mandelblättchen in Butter rösten und mit etwas Zucker karamellsieren und darüber geben. Das ganze bei der zweiten Schicht wiederholen.

Apfel-Tiramisu

Zutaten:
800 g Apfelmus
300 g Löffelbiskuit in Amaretto und Wasser tränken
500 g Mascarpone (wahlweise kann auch Quark verwendet werden)
500 g Schmand
4 EL Zucker
Mandelblättchen
Zimt

Löffelbiskuit in eine Auflaufform geben, mit Amaretto-Wasser tränken. Mascarpone, Schmand und Zucker verrühren. 1. Schicht: Löffelbiskuit, 2. Schicht: Apfelmus, 3. Schicht: Mascarpone-Schmand-Zucker-Creme.
Zum Schluss Mandelblättchen darüber streuen und mit etwas Zimt bestäuben. Gutes Gelingen!

Von Daniela Hillenbrand,
Böhen

Apfeltraum

Zutaten für 6 Personen:
100 g Löffelbiskuit
4 EL Amaretto oder Apfelsaft
1 Glas Apfelmus
200 g Frischkäse
250 g Magerquark
1/8 l Milch
100 g Zucker
200 g Sahne

Eine Auflaufform mit den Löffelbiskuits auslegen. Amaretto oder Saft darüber gießen. Das Apfelmus darauf verteilen. Die Sahne steif schlagen und den Frischkäse, Quark, Zucker und Milch dazugeben. Alles gründlich durchrühren. Die Masse auf das Apfelmus verteilen und glatt streichen. Kräftig mit Zimt und Zucker bestreuen. Im Kühlschrank mindestens 1 Stunde durchziehen lassen. Das Dessert reicht für 6 Personen und lässt sich problemlos erweitern.

Von Bettina Sauter,
Legau

Apfeltraum mit Amaretto

Zutaten:
100 g Löffelbiskuit 4 bis 5 EL Amaretto
1 Glas Apfelmus
250 g Magerquark
250 g Frischkäse oder Mascarpone
100 g Zucker
1/8 l Milch
1 Becher Sahne
Kakao

Biskuit in einer flachen Form auslegen, 4 EL Amaretto darüber verteilen und Apfelmus darauf geben. Frischkäse und Quark mit Milch, Zucker und der geschlagenen Sahne verrühren. Man kann auch Eierlikör oder etwas Rum untermischen. Dann aber weniger Milch nehmen. Creme über das Apfelmus geben und in den Kühlschrank stellen. Mit Kakao überpudern.

Von Bertl Knoll,
Kempten
und von Claudia Zitzinger,
Lengenfeld

Apfelwaffeln

Zutaten:
250 g Butter
75 g Zucker
etwas Zitronenschale
4 Eier
250 g Mehl
1 TL Backpulver
1/8 l lauwarme Milch
300 g Äpfel
50 g gemahlene Nüsse
1/2 TL Zimt
1 EL Rum

Äpfel schälen und raspeln. Butter schaumig rühren, Eier und Zucker nach und nach zugeben. Mehl, Backpulver und Zimt mischen. Rum, Zitronenschale und Milch unter die geschlagene Masse rühren. Im Waffelautomat ausbacken. Schmeckt warm mit Zucker und Zimt bestreut oder mit Eis sehr locker.

Gibt es bei uns auch mal wenn
überraschend Gäste zum Kaffee kommen.

Von Rosi Baumann-Schuler,
Kißlegg

Appeltat

Zutaten:
1 kg Äpfel
Butter
Semmelbrösel
5 bis 6 EL Zucker
100 g gemahlene Mandeln
100 g Rosinen
125 ml Milch
150 ml Schlagsahne
2 Eier
125 g Mehl
1 TL Backpulver
Zimt-Zucker-Mischung

Die Äpfel schälen, halbieren, entkernen und zerkleinern. Eine Auflaufform mit Butter ausstreichen und mit Semmelbrösel ausstreuen. Eine dicke Schicht Äpfel hineinlegen. Zucker mit Mandeln und Rosinen vermischen. Einen Teil der Mischung über die Äpfel geben. Dann wieder Äpfel und noch einmal Mischung. Aus Milch, Schlagsahne, Eiern, Mehl und Backpulver einen glatten Teig rühren und über den Auflauf gießen. Im vorgeheizten Backofen bei 200 Grad etwa 1 Stunde backen. Noch heiß mit der Zimt-Zucker-Mischung bestreuen. Dazu schmeckt hervorragend eine heiße Vanillesoße oder eine Kugel Vanilleeis.

Von Resi Kempter,
Wangen
Bild: Brigitte Weixler

Bananensplitt

Zutaten:
4 kleine Bananen
2 EL Zitronensaft
100 g Schlagsahne
8 Kugeln Vanilleeis
Zitronenmelisse

Bananen schälen und halbieren. Mit Zitronensaft beträufeln. Die Sahne steif schlagen und süßen. Je zwei Bananenhälften in eine längliche Schale legen und je zwei Eiskugeln in die Mitte darauf setzen. Sahne in einen Spritzbeutel mit Sterntülle füllen und verzieren. Kuvertüre im Wasserbad schmelzen und als Fäden mit einem Pinsel über das Dessert ziehen. Mit Melisseblättchen verzieren.

Von Helena Ziegler,
Buchloe

Bananen-Joghurt-Creme

Zutaten:
3 Bananen
1/2 Tafel Schokolade
2 Becher Joghurt
2 EL Zucker
1/2 Becher Sahne
Schokostreusel zum Verzieren

Bananen schälen und in Scheiben schneiden, Schokolade raspeln und mit dem Joghurt in eine Schüssel geben, mit den Bananen mischen. Mit Sahne und Schokostreusel verzieren.

Ein schnelles Dessert!

Von Silvia Jörg,
Waltenhofen
Bild: Gerlinde Hörmann

Bananen-Quark-Tiramisu

Zutaten:
500 g Quark
500 g Naturjoghurt
100 g Zucker
1 EL Vanillezucker
Saft von einer Orange
200 ml Sahne
400 g Löffelbiskuits
200 ml Kakao
2 Bananen
2 TL Kakaopulver

Quark mit Joghurt, Zucker, Vanillezucker und Orangensaft glatt rühren. Sahne steif schlagen und unter die Quarkcreme heben. Schüssel mit Löffelbiskuits auslegen, mit dem Kakao befeuchten. Bananen in dünne Scheiben schneiden und auf die Biskuits legen. Mit der Hälfte der Creme bestreichen. Die restlichen Biskuits darauf geben, mit Creme bestreichen, mit Kakaopulver bestäuben und zugedeckt über Nacht im Kühlschrank ruhen lassen. Zur Dekoration eignen sich Orangenfilets.

Von Veronika Rudhat,
Leutkirch
Bild: Sylvia Weixler

Beeren-Quark-Gratin

Zutaten:
100 ml trockener Rotwein
oder Kirschsaft
50 g Zucker
500 g tiefgefrorene
Beerenmischung
2 EL Speisestärke
300 g Magerquark
Mark von 1 Vanilleschote
Zitronensaft
2 Eiweiß
80 g Puderzucker

Rotwein bzw. Saft mit dem Zucker und den Beeren aufkochen. Stärke mit wenig Saft glatt rühren und einrühren, aufkochen lassen. Anschließend abkühlen. Quark mit Vanille und Zitrone verrühren. Eiweiß steif schlagen, dabei den Puderzucker einrieseln lassen. Eischnee unter den Quark heben. Früchte in eine Auflaufform füllen. Quark darüber verteilen. Bei 200 Grad 10 bis 15 Minuten überbacken.

Von Barbara Steinle,
Lautrach
Bild: Sabine Buchmann

Beeren-Quark-Tiramisu

Zutaten für 10 Personen:
375 g Beeren
125 g Löffelbiskuit
3 EL Alkohol oder Saft
500 g Magerquark
250 g Mascarpone oder Schmand
75 g Zucker
1 Messerspitze Vanillepulver
etwa 65 ml Milch
125 ml Sahne

Beeren vorbereiten, Löffelbiskuits auf einen Teller oder eine flache Platte legen und mit Alkohol oder Saft tränken. Quark, Mascarpone, Zucker, Vanille und etwas Milch in einer Schüssel cremig rühren. Alles in eine Schüssel oder Auflaufform einschichten. Erste Lage Quarkmasse, zweite Lage Biskuits, dritte Lage Beeren. Wiederholen. Letzte Schicht ist die Quarkmasse. Für 1 bis 12 Stunden kühl stellen. Vor dem Servieren mit Beeren oder Schokostreuseln garnieren.

Eine Verfeinerung mit gerösteten Mandeln ist sehr gut möglich. Kann auch mit fast allen anderen Früchten hergestellt werden

Von Angelika Gast,
Waltenhofen

Beerengrütze

Zutaten:
750 g rote Beeren gefroren (Himbeeren, Johannisbeeren, Erdbeeren, Kirschen oder auch Brombeeren)
150 ml Fruchtsaft
100 g Zucker
1 1/2 Päckchen Vanillepudding

Die Hälfte der Früchte mit Fruchtsaft und dem Zucker aufkochen lassen, dann bei schwacher Hitze etwa 5 Minuten köcheln lassen. Anschließend mit dem Pürierstab fein pürieren. Die restlichen Früchte untermischen und nochmals kurz aufkochen lassen. Das Puddingpulver mit etwas Wasser anrühren und in die Grütze einrühren. Kurz aufkochen lassen und vom Herd nehmen. In Dessertschalen anrichten und mindestens 1 Stunde kühl stellen. Dazu passt Vanilleeis sehr gut.

Von Rosi Reichenbach, Untrasried

Beerensülze in Vanillesoße

Zutaten:
1 große Tasse Beeren
(Erdbeeren, Himbeeren,
Stachelbeeren, Johannis-
beeren)
1 Päckchen Götterspeise
mit Zitronengeschmack
1/4 l Wasser
100 g Zucker

Vanillesoße:
1 l Milch
1/2 Päckchen Vanille-
puddingpulver
2 EL Zucker

Beeren sind so leuchtend rot und süß. Der Garten ist mein Paradies. Dau gang i naus, ob Regen oder Sonnenschein. A Hand voll Beerla müaßats immer sein.

Beeren von den Stielen befreien. Die Götterspeise in einem kleinen Kochtopf mit einem 1/4 l Wasser kalt anrühren. 5 Minuten zum Quellen stehen lassen. Zucker zur Flüssigkeit geben und unter Rühren erhitzen bis alles gelöste ist. Nicht aufkochen lassen! Topf von der Kochstelle nehmen. Die Beeren schön in die kalt ausgespülte Tasse schichten und die Flüssigkeit darüber gießen. Über Nacht in den Kühlschrank stellen. Zum Stürzen die Tasse mit dem steifen Fruchtgelee einen Moment in heißes Wasser halten und mit einem Messer um den Rand fahren, dann das Gelee auf einen Teller gleiten lassen. Abgekühlte Vanillesoße ringsherum geben. Schnelle Vanillesoße: Milch zum Kochen bringen, Puddingpulver mit Zucker und etwas Milch anrühren, einrühren und einmal aufkochen lassen.

Von Helena Ziegler,
Buchloe

Birnenauflauf

Zutaten für 4 bis 5 Personen:
1 Marmeladenroulade
1 Dose Birnen in Würfel geschnitten (etwa 200 g)
200 ml Milch
4 TL Vanillepuddingpulver
1 EL Kakaopulver
2 TL Puderzucker
1/8 l Sahne geschlagen
kandierte Kirschen als Garnitur

Kann auch in Portionsschälchen verteilt werden.

Die Marmeladenroulade in Scheiben schneiden, dann eine Glasschale damit auslegen. Den Birnensaft und die Birnenwürfel darüber verteilen. Den größten Teil der Milch in einen Topf geben und erhitzen. Die restliche Milch mit dem Puddingpulver verrühren, dann ebenfalls in den Topf geben. Das ganze unter ständigem Rühren zum Kochen bringen. Etwa 2 bis 3 Minuten leicht kochen lassen bis die Soße dick wird. Über die Birnenwürfel gießen und kalt stellen. Den Auflauf vor dem Servieren mit Sahne und kandierten Kirschen garnieren.

Von Rita Sieber,
Leutkirch
Bild: Sabine Buchmann

Birnentraum

Zutaten für 6 Personen:
750 g Birnen
1 Vanilleschote
1 Stück unbehandelte Zitronenschale
100 g Zucker
je 100 g Vollmilch- und Halbbitterkuvertüre
50 g Cornflakes
50 g Mandelblättchen
250 g Mascarpone
100 g Magerquark
200 ml Sahne
3 EL Zitronensaft

Die Birnen waschen, schälen, vierteln, entkernen und würfeln. Vanilleschote längs aufritzen und das Mark herausschaben. Birnenwürfel, Vanilleschote, Vanillemark, Zitronenschale, 50 g Zucker und 100 ml Wasser in einem Topf bei milder Hitze 20 Minuten unter Rühren musig einkochen. Schote und Schale danach entfernen, Mus abkühlen lassen. Die Vollmilch- und die Halbbitterschokolade über dem heißen Wasserbad schmelzen. Cornflakes und Mandelblättchen mit einer Gabel vorsichtig untermengen. Masse in kleinen Häufchen auf das Backpapier setzen und fest werden lassen. Die Mascarpone mit dem Magerquark, 50 g Zucker und dem Zitronensaft in eine Schüssel geben. Alles mit dem Handrührgerät kräftig verrühren. Die Sahne steif schlagen und unterheben. Die Mascarpone-Creme mit dem Birnenmus und den Schokoflakes im Wechsel in hohe Dessertgläser schichten. Mit Creme abschließen und zum Schluss mit zerkleinerten Schokoflakes bestreuen.

Von Nicole Bär,
Oberoptingen

Birnenauflauf à la Sacher

Von Rosemarie Meusburger,
Waltenhofen
Bild: Rosi Müller

Wand und Boden der Auflaufform mit Butter ausstreichen und mit Zucker bestreuen. Backofen auf 180 Grad vorheizen. Butter mit der Hälfte des Zuckers schaumig rühren, nach und nach das Eigelb einrühren. Schokolade zerbröckeln und in einem Topf im Wasserbad schmelzen. Flüssige Schokolade, Mehl und gemahlene Mandeln unter die Masse ziehen. Birnen schälen, der Länge nach in 6 bis 8 Spalten schneiden, entkernen und den Boden der Auflaufform bele-

Zutaten:
30 g Butter
2 EL feiner Zucker
Für eine Auflaufform mit 1,5 l Inhalt:
125 g Butter
125 g Zucker
5 Eier getrennt
150 g Zartbitter-Schokolade
50 g Mehl
100 g gemahlene, geröstete Mandeln
3 Williamsbirnen
400 g Schlagsahne
1 EL Zucker
Nach Belieben:
4 cl Williamsbirnengeist

gen. Eiweiß mit dem restlichen Zucker steif schlagen und unter die Masse heben. Die Schokoladenmasse über die Birnen verteilen und die Form in den vorgeheizten Ofen schieben. Auflauf 15 Minuten bei Unterhitze backen, dann auf Ober- und Unterhitze umstellen. Nach 45 Minuten Garprobe machen (Holzstäbchen). (Funktioniert auch ohne »nur« Unterhitze, dauert dann aber 25 Minuten länger.) Sahne mit Zucker steif schlagen und nach Belieben mit Birnengeist abschmecken. Den fertigen Auflauf vor dem Servieren 5 Minuten ruhen lassen.

Biskuit-Früchteraupe

Zutaten:
5 Eier
125 g Zucker
125 g Mehl
1 TL Backpulver

Für die Füllung und Verzierung:
3 Becher Sahne
500 g Obst (Erdbeeren, Himbeeren, Johannisbeeren oder auch Brombeeren) je nach Saison
2 Päckchen Vanillezucker

Zur Dekoration:
1 Packung Mini-Schokoküsse
Schokoladenglasur
2 Pfeifenputzer
einige Früchte

Von Claudia Martin, Reinhardsried

Herstellung einer Biskuittorte: Eier und Zucker auf höchster Stufe lange schaumig rühren. Vorsichtig Mehl und Backpulver mit Schneebesen unterheben. Im vorgeheizten Backofen bei 190 Grad etwa 10 bis 15 Minuten backen. Die heiße Teigplatte auf ein gezuckertes Küchenhandtuch stürzen und sofort aufrollen. Auskühlen lassen. Füllung und Verzierung: 3 Becher Sahne schlagen, die Hälfte auf die erkaltete Rolle streichen, zerkleinertes und geputztes Obst darauf verteilen und dann aufrollen. Mit restlicher Sahne von außen bestreichen. Dann die Schokoküsse als Augen aufsetzen, an der Biskuitrolle die Schokoküsse als Füße dekorieren, Pfeifenputzer in die Sahne drücken und mit Früchten, Schokoglasur oder Lebensmittelfarbe Mund, Nase und Rücken nach Lust und Laune verzieren. Für Kindergeburtstage eine lustige Überraschung.

Blätterteigbirne

Zutaten:
1 Packung
Tiefkühl-Blätterteig
10 Birnenhälften aus der Dose
1 Eigelb
Mandelstifte
Puderzucker zum Bestäuben
50 g Wild-Preiselbeeren

Servieren Sie dazu Vanilleeis oder Vanillesoße.

Blätterteigquadrate nach Packungsanweisung auftauen lassen, Birnen abtropfen lassen. Birnenhälfen mit der Innenseite nach oben darauf legen. Die Blätterteigecken zur Mitte nach oben biegen, mit dem Eigelb alles bestreichen. Mandeln darüber streuen und bei 200 Grad etwa 10 Minuten backen. Anschließend mit Puderzucker bestäuben und ca. 8 Minuten im Backofen karamellisieren lassen. Birnen mit Preiselbeeren füllen.

Von Andrea Schweinberg,
Untrasried

Blechkuchen
mit Beerenvariation

Zutaten:
180 g Butterschmalz
140 g Zucker
1 Vanillezucker
1 Prise Salz
3 große Eier
200 g Weizenmehl
2 gestrichene TL Backpulver

Belag:
500 g Himbeeren
500 g Brombeeren
250 g Erdbeeren
2 Päckchen Tortenguss rot
40 g Zucker
1/2 l Saft oder Wasser

Von Josefine Angerer, Seeg
Bild: Ulrike Finkenzeller

Für den Rührteig: Butterschmalz mit Handrührgerät mit Rührbesen auf höchster Stufe geschmeidig rühren, nach und nach Zucker, Vanillezucker und Salz unterrühren. So lange rühren, bis eine gebundene Masse entstanden ist. Eier nach und nach unterrühren (jedes Ei etwa 1/2 Minute). Weizenmehl mit Backpulver mischen, sieben, auf mittlerer Stufe unterrühren. Den Teig auf ein gefettetes Backblech streichen. Die Backzeit beträgt etwa 15 bis 20 Minuten; bei Heißluft: 160 Grad, bei Ober-Unterhitze 180 Grad. Belag: Obst abwechselnd in Längsstreifen auf den Kuchenboden legen. Tortenguss zubereiten und über die Beeren verteilen.

Blitz-Grießigel

Zutaten:
4 Eier
100 g Zucker
200 g Grieß
abgeriebene Schale einer
1/2 Zitrone
Nach dem Backen:
1 l kochende Milch

Eier und Zucker schaumig rühren, Grieß und Zitronenschale dazu rieseln lassen. Masse in eine gut gefettete Auflaufform füllen. 45 Minuten bei 200 Grad backen. Nach dem Backen 1 l kochende Milch nach und nach darüber gießen. Apfelmus oder Vanillesoße dazu reichen.

Schmeckt prima saftig!
Ist blitzschnell zusammengerührt.

Von Sieglinde Traut,
Leutkirch

Bratapfel mit Rum

Zutaten:
4 Äpfel
4 EL Sultaninen
4 EL Mandelblättchen
4 EL Zucker
8 EL Rum

Kann auch mit Sahne und Eierlikör übergossen werden. Kann heiß und kalt serviert werden.

Äpfel schälen und entkernen. Dann in feuerfeste Form setzen. Mit Sultaninen, Mandelblättchen und Zucker füllen. Mit Rum übergießen. In der Mikrowelle etwa 2 Minuten garen. Danach mit Vanilleeis servieren.

Von Ingrid Heilmayer,
Kempten
Bild: Sandra Frank

Buchteln
mit Kirschen und Vanillesoße

Zutaten für 6 Personen:
300 g Mehl
1 Prise Salz
450 ml Milch (75ml und 375 ml)
1/2 Würfel Hefe
6 EL Zucker (3 EL und 2 EL und 1 EL)
50 g Butter (30 g und 20 g)
1 Ei
375 g Sauerkirschen (Glas)
2 TL Speisestärke
1 Päckchen Vanillesoße

Auch zum Kaffee lecker, warm oder kalt.

Von Irmgard Roggors, Legau

Aus Mehl, Salz, 75 ml Milch, Hefe, 3 EL Zucker, 30 g Butter und 1 Ei einen Hefeteig herstellen und zugedeckt gehen lassen. Backofen auf 180 Grad vorheizen. Teig nochmals durchkneten und kleine Klöße formen und mit 5 mm Abstand zueinander in eine gefettete Auflaufform setzen. Übrige Butter schmelzen, Klöße damit bestreichen. Etwa 20 Minuten backen. Kirschen abtropfen lassen, Saft auffangen. Saft und 2 EL Zucker aufkochen, Stärke mit Wasser glatt rühren und Saft damit binden. Kirschen dazugeben. Aus 375 ml Milch und Zucker und Soßenpulver nach Packungsanleitung die Vanillesoße zubereiten. Alles zusammen anrichten.

Buttermilch-Sahne-Creme

Zutaten für 8 Personen:
1 Packung gemahlene oder
6 bis 7 Blatt Gelatine
2 Becher Sahne
500 ml Buttermilch
150 g Puderzucker
1 Packung Tiefkühl-Himbeeren oder gemischte Beeren (500 bis 750 g)
etwas Puderzucker
etwas Orangensaft

Gelatine nach Packungsvorschrift quellen lassen. Sahne steif schlagen. Buttermilch und Puderzucker verrühren. Die aufgelöste Gelatine nach und nach unter die Buttermilch rühren. Die Sahne vorsichtig unterheben. In eine Schüssel füllen und im Kühlschrank kalt stellen. Die aufgetauten Früchte mit Puderzucker und Orangensaft grob pürieren und über die feste Buttermilch-Sahne-Creme geben oder in extra Schälchen dazu servieren.

Von Sabine Huber,
Baisweil
Bild: Brigitte Weixler

Dampfnudeln

Zutaten:
Hefeteig:
500 g Mehl
etwas Salz
1/4 l Milch
1 Würfel Hefe
80 g Butter
80 g Zucker
2 Eier
Zitronenschale

Zum Garen:
60 g Butter
1/4 l Milch
40 g Zucker
1 Prise Salz

Hefeteig von etwas weicherer Beschaffenheit herstellen, gehen lassen. In gut schließendem Topf Butter zerlassen, Milch, Salz und Zucker dazugeben. Den gegangenen Teig zu 12 bis 15 Kugeln formen und diese in die lauwarme Flüssigkeit setzen. Nun nochmals gehen lassen. Dicht schließenden Deckel auflegen und zum Kochen bringen. Bei schwacher Hitze 30 Minuten leise kochen lassen. Wenn die Milch aufgesogen ist und die Krustenbildung mit »Singen« oder »Krachen« beginnt die Herdplatte abschalten. Gare Nudeln im geschlossenen Topf noch einige Minuten stehen lassen, dann Deckel vorsichtig abnehmen, dass Kondenswasser nicht auf die Nudeln tropft. Dazu Vanillesoße reichen.

Von Claudia Endres,
Bad Grönenbach

Dessert Afternoon

Zutaten:
2 Eier
100 g Zucker
500 g Quark
1 Becher Sahne
300 g Naturjoghurt
4 bis 5 EL Eierlikör
1 Glas Sauerkirschen

Eier und Zucker schaumig rühren, Quark und Joghurt zugeben, Sahne steif schlagen und mit dem Eierlikör unter die Masse heben. Sauerkirschen ins Glas füllen, mit der Creme auffüllen. Dessert mit Sahne und Kirschen verzieren.

Von Margit Bayler,
Frickenhausen

Dinkel-Apfelwaffeln

Zutaten:
150 g Butter
200 g Zucker oder 150 g Honig (flüssig)
4 Eier
1/2 TL Salz
250 g Dinkelmehl
1 TL Backpulver
1 TL Zimt
2 feingeriebene Äpfel
Puderzucker zum Bestäuben

Fertige Waffeln auf einem Küchenrost auslegen, dann bleiben sie knusprig.

Butter, Zucker bzw. Honig, Eier und Salz schaumig rühren, dann das Mehl, Backpulver, Zimt und die Äpfel unterrühren. Auf höchster Stufe etwa 2 Minuten verrühren. Der Teig sollte dickflüssig sein. Teig vorschriftsmäßig im Waffelautomat backen. Vor dem Servieren mit Puderzucker bestreuen.

Von Christine Bischof,
Buxheim
Bild: Sylvia Weixler

Donauwellen-Creme
mit Kirschen

Zutaten:
1 Glas Kirschen (720 ml)
6 EL Kirschwasser
75 g Löffelbiskuits
250 g Schmand
1 Päckchen Vanillezucker
30 g Zucker
250 g Magerquark
1 TL Puderzucker
1 EL Kakao

Schnell und einfach!

Von Gertrud Endres,
Kronburg
Bild: Andrea Wiedemann

Kirschen abtropfen lassen. Mit 2 EL Kirschwasser beträufeln. Biskuits grob zerbröseln und in 4 Dessertgläser verteilen. Mit 4 EL Kirschwasser beträufeln. Schmand, Quark, Vanillezucker und Zucker mit dem Handrührgerät durchrühren. Die beträufelten Kirschen und die Creme auf die Biskuits verteilen und mindestens 1 Stunde kalt stellen. Mit Puderzucker oder Kakao verzieren.

Eierlikör-Schoko-Creme

Zutaten:
1 Tafel (100 g) Zartbitter-
schokolade
250 ml kalte Milch
125 bis 150 ml Eierlikör
1 Päckchen Cremepulver
Mouse a la Vanille
(für 250 ml Milch)
75 bis 100 g
Löffelbiskuits
75 bis 100 g Schlagsahne
Eierlikörpralinen
Melisse

Von Johanna Zeller,
Bad Grönenbach
Bild: Rosi Müller

Schokolade grob hacken, Milch, 50 ml Eierlikör und Cremepulver mit dem Schneebesen des Handrührgerätes erst auf niedrigster Stufe kurz verrühren. Dann 3 Minuten auf höchster Stufe aufschlagen. Schokostückchen, bis auf etwas zum Verzieren, unter die Creme heben. Die Löffelbiskuits in Stücke schneiden oder brechen. Die Hälfte in hohe Dessert-Gläser verteilen. 50 ml Eierlikör darüber träufeln und die Hälfte der Creme darauf geben. Restliche Biskuits und übrige Creme darauf verteilen. Mindestens 1 Stunde kalt stellen. Sahne steif schlagen und in einen Spritzbeutel mit Sterntülle füllen. Dessert mit Sahne, restlichem Eierlikör, Pralinen und Melisse verzieren.

Eierlikör-Schoko-Muffins

Zutaten für 12 bis 14 Stück:
2 Eier
125 g Margarine
125 g Zucker
125 g Mehl
1/2 Päckchen Backpulver
1/8 l Eierlikör
Schokoladenraspel
75 g Zartbitterkuvertüre

Die Eier mit der Margarine und dem Zucker schaumig rühren. Das Mehl mit dem Backpulver dazu sieben, anschließend den Eierlikör dazugeben, zum Schluss die Schokoladenraspel unterrühren. Den Teig in die Muffinförmchen füllen, bei 200 Grad etwa 20 Minuten backen. Nach dem Abkühlen mit geschmolzener Kuvertüre verzieren.

Von Monika Kornes,
Kammlach
Bild: Sonja Stegmann

Eierlikör-Parfait

Zutaten:
2 Eier
1 Päckchen Vanillezucker
70 g Zucker
50 ml Eierlikör
150 ml Schlagsahne
1 EL Mandelstifte oder Pistazien
100 ml Eierlikör
Beeren zum Verzieren (Waldbeeren oder Erdbeeren)

Eier trennen, Eigelb und Vanillezucker und 20 g Zucker in einem hohen Rührbecher cremig schlagen. 50 ml Eierlikör langsam zugießen. Eiweiß und Sahne getrennt steif schlagen. Zuerst Sahne, dann Eischnee unter die Eigelbmasse heben. Parfaitmasse in kleine Förmchen füllen und über Nacht gefrieren lassen. 50 g Zucker in einer Pfanne erhitzen und karamellisieren. Mandeln unterrühren, sofort löffelweise auf Backpapier geben, auskühlen lassen. Parfaitförmchen kurz in heißes Wasser tauchen, Rand lösen und auf ein Teller stürzen. Mit Eierlikör, Mandelkrokant und Beeren verziert servieren.

Von Gabi Karrer,
Leutkirch

Eiskaffee

Zutaten:
Vanilleeis:
4 Eigelb
4 EL Zucker
1 Vanilleschote
500 ml Sahne
250 ml Milch

Bohnenkaffee

Von Ottilie Kees,
Frankenhofen
Bild: Rosi Müller

Eigelb, Zucker und ausgeschabte Vanilleschote schaumig rühren, Milch und Sahne dazu und alles zum Kochen bringen. Die erkaltete Masse zum Gefrieren bringen. Dann Portionen in Eisbecher geben und gesüßten Bohnenkaffee darauf gießen. Mit Schlagsahne verzieren und Schokostreusel darüber streuen.

Erdbeer-Amaretto-Salat

Zutaten:
500 g Erdbeeren
3 EL Zucker
1 TL Vanillezucker
Schale einer unbehandelten Zitrone
4 EL Amarettolikör
150 g Amarettini
Minzeblättchen

Von Anne Zettler,
Böhen
Bild: Sabine Bitter

Erdbeeren waschen, putzen und vierteln und mit Zucker, Vanillezucker, Zitronenschale und Amarettolikör in einer Schale vorsichtig mischen. Den Erdbeer-Amaretto-Salat für ca. 30 Minuten in den Kühlschrank stellen. Die Amarettini in einen Gefrierbeutel geben und mit dem Nudelholz fein zerkrümeln. Die Minze abbrausen und vorsichtig trockentupfen. Den Fruchtsalat aus dem Kühlschrank nehmen und mit den Amarettini-Bröseln bestreuen. Mit Minzeblättchen dekorieren und sofort servieren.

Erdbeer-Joghurt-Creme

Zutaten:
500 g Erdbeeren (frisch oder gefroren)
4 Becher Naturjoghurt
80 g Zucker
5 Blatt rote Gelatine
1 EL Rum
1/8 l Sahne

Erdbeeren mixen, Joghurt mit Zucker gut verrühren, die gemixten Erdbeeren dazugeben. Die eingeweichte, gut ausgedrückte, in wenig kochend heißem Wasser aufgelöste Gelatine zugeben, mit Rum abschmecken. Die Creme in Gläser füllen und kalt stellen Mit der geschlagenen Sahne verzieren.

Es schmeckt auch ohne Rum sehr gut!

Von Rita Wiedemann, Breitenbrunn

Erdbeer-Joghurt-Creme

Zutaten:
250 g frische Erdbeeren
6 Blatt weiße Gelatine
2 Becher Vollmilch-Joghurt
50 g Zucker
1 bis 2 EL Zitronensaft
1 Becher Schlagsahne

Von Gabriele Fleschutz,
Dietmannsried

Erdbeeren waschen, einige zum Verzieren beiseite legen, die restlichen pürieren. Gelatine kalt einweichen. Joghurt und Zucker schaumig schlagen. Erdbeerpüree und Zitronensaft zugeben und verrühren. Tropfnasse Gelatine in einen Kochtopf geben und bei milder Hitze unter Rühren auflösen. Langsam unter die Joghurtmasse rühren. Kalt stellen. Sahne steif schlagen, etwas zum Verzieren in einen Spritzbeutel geben und kalt stellen. Wenn die Erdbeer-Joghurt-Creme zu gelieren beginnt, die restliche Sahne unterheben. Creme in 4 Gläser verteilen, mit Sahnetupfen und Erdbeeren verzieren.

Erdbeer-Quark-Tiramisu

Zutaten:
75 g Löffelbiskuit
5 bis 6 EL Amaretto
500 g Erdbeeren
2 EL und 75 g Zucker
350 g Speisequark
250 g Mascarpone
5 bis 6 EL Milch
1 Päckchen Vanillezucker
1 TL Kakao

Von Rike Nieberle,
Ebenhofen

Löffelbiskuits grob zerbröseln und in eine rechteckige Form (etwa 1,5 l Inhalt) füllen. Mit Likör beträufeln und ca. 30 Minuten ziehen lassen. Erdbeeren waschen, putzen und halbieren oder vierteln. Einige Erdbeeren zum Verzieren beiseite legen. Rest Erdbeeren mit 2 EL Zucker bestreuen. Etwas ziehen lassen. Quark, Mascarpone, Milch, Vanillezucker und 75 g Zucker mit dem Schneebesen des Handrührgerätes verrühren. Erst die Erdbeeren, dann die Mascarpone-Creme auf den Biskuitbröseln verteilen. Bis zum Servieren kühl stellen. Mit Kakao bestäuben und mit Rest Erdbeeren verzieren.

Erdbeer-Tiramisu
mit Orangenlikör

Zutaten:
500 g Erdbeeren
4 bis 5 EL Orangenlikör
1 Packung Löffelbiskuit
150 ml kalter Kaffee
250 g Mascarpone
(70 Prozent)
250 g Magerquark
2 Eigelb
75 g Puderzucker
1/2 TL Vanillezucker
4 bis 5 EL Zitronensaft
50 g Zartbitter-Schokolade

Von Karola Haggenmüller,
Wiggensbach
Bild: Sylvia Weixler

Erdbeeren putzen und halbieren. Mit Likör beträufeln und durchziehen lassen. Eine Form mit Löffelbiskuit auslegen und mit 100 ml Kaffee beträufeln. Mascarpone, Quark, Eigelb, Puderzucker, Vanillinzucker, Zitronensaft und restlichen Kaffee glatt rühren. 2/3 der Erdbeeren auf den Löffelbiskuits verteilen und die Mascarponecreme darüber geben. Von der Schokolade Röllchen abziehen und darüber streuen. Mit den restlichen Erdbeeren garnieren.

Erdbeercreme
mit Mascarpone

Zutaten:
500 g Erdbeeren
6 Blatt Gelatine
200 ml Sahne
250 g Mascarpone
3 bis 4 EL Zucker
Erdbeeren und Sahne zum Garnieren

Es kann auch jede andere Art von Beeren verwendet werden.

Von Sigrid Stachel,
Waltenhofen
Bild: Sabine Buchmann

Die Erdbeeren mit dem Pürierstab zerkleinern. Die Gelatine in kaltem Wasser einweichen. Inzwischen die Sahne schlagen. Die eingeweichte Gelatine ausdrücken und verflüssigen. Die flüssige Gelatine zu den pürierten Erdbeeren geben und kurz kalt stellen. Mascarpone glatt rühren, mit dem Zucker mischen und unter die Erdbeermasse geben. Nun die geschlagene Sahne unterheben. Die Erdbeercreme in eine mit kaltem Wasser ausgespülte Form füllen und zum fest werden kalt stellen. Vor dem Servieren stürzen und mit geschlagener Sahne und frischen Erdbeeren garnieren.

Erdbeercreme
mit Schokoraspeln

Zutaten:
375 g Erdbeeren
4 EL Orangensaft
60 ml Orangenlikör
500 g Quark
1 EL Vanillezucker
etwas Zucker
125 g Sahne
2 EL Schokoraspel

Erdbeeren waschen und pürieren. Orangensaft und -likör mischen. Quark zugeben und alles verrühren. Vanillezucker und Zucker zugeben. Erdbeerpürree darunter heben. Creme abfüllen und mit Sahne und Raspeln verfeinern.

Von Susanne Eggel,
Wertach
Bild: Claudia Kiechle

Erdbeereis

Zutaten:
400 bis 500 g Erdbeeren
140 bis 200 g Zucker
3 Eiweiß
3 bis 4 EL Zucker
2 Becher Sahne

Erdbeeren pürieren, Zucker einrühren, eine Weile stehen lassen. Ab und zu durchrühren, dass der Zucker sich gut löst. Eiweiß mit Zucker steif schlagen. Sahne ebenfalls steif schlagen. Eischnee und Sahne vermengen. Die Hälfte der Erdbeermasse unterheben. Die Crememasse in Gefrierbehälter füllen, glatt streichen. Nun die restliche Erdbeermasse draufgeben und mit einem Löffel oder einer Gabel spiralförmig unterziehen. Ins Gefrierfach stellen.

Die Zuckermenge richtet sich nach der Süße der Früchte (Sorte, Reifegrad) und auch nach der eigenen Geschmacksvorstellung. Es können auch andere Früchte zur Eisbereitung verwendet werden.

Von Franziska Bürzle,
Mindelheim

Erdbeer-Tiramisu

Zutaten:
2-mal 120 g Löffelbiskuit
2-mal 50 ml Orangensaft
2-mal 500 g Erdbeeren
100 g Puderzucker
300 g Mascarpone
250 g Sahnequark
4 Eigelb
1/2 TL Vanillezucker

Einfaches Rezept und ideal für den Nachtisch. Doppelte Menge ist genügend für den Kaffeetisch. Dieses Tiramisu schmeckt prima, Kinder sind ganz scharf darauf.

Eine viereckige Form mit 120 g Löffelbiskuit auslegen. Mit 50 ml Orangensaft tränken. 500 g Erdbeeren in Scheiben schneiden und darauf legen. Für die Creme Puderzucker, Mascarpone, Sahnequark, Eigelb und Vanillezucker verrühren und die Hälfte auf die Erdbeeren verteilen. Die Creme mit 120 g Löffelbiskuit belegen und mit 50 ml Orangensaft beträufeln. 500 g Erdbeeren in Scheiben darauf verteilen. Die restliche Creme darüber streichen. Abgedeckt 1 bis 2 Stunden in den Kühlschrank stellen.

Von Monika Kohler,
Altusried
Bild: Sabine Buchmann

Erdbeer-Tiramisu
mit Mascarpone

Zutaten:
1 große Tasse starken Kaffee (mit Amaretto mischen)
Löffelbiskuit
1 kg Erdbeeren halbiert

Für die Creme:
100 g Zucker
1 Vanillezucker
500 g Magerquark
250 g Mascarpone
100 ml flüssige Sahne

Löffelbiskuit in die Kaffee-Amaretto-Mischung eintauchen und in eine Auflaufform geben. Dann die halbierten Erdbeeren darauf verteilen. Zum Schluss die Creme darüber streichen und in den Kühlschrank stellen. Der Nachtisch sollte sehr gut gekühlt sein. Vor dem Servieren mit Kakao bestreuen.

Von Cilli Hartmann,
Altusried
Bild: Claudia Kiechle

Falsche Himbeer-Mascarpone

Zutaten:
2 Packungen Frischkäse (Philadelphia)
250 g Quark
3 Becher Sahne
2 Päckchen Sahnesteif
130 g gesiebter Puderzucker
500 g frische oder gefrorene Himbeeren
2 Päckchen Tortenguss
2 Päckchen Löffelbiskuit
eventuell Himbeergeist oder Himbeersirup zum Tränken

Frischkäse, Quark und Puderzucker verrühren. Sahne mit Sahnesteif steif schlagen und unterheben. Schichtweise Quarkmasse und getränkte Löffelbiskuits in eine Form geben und glatt streichen. Himbeeren erwärmen und mit Tortenguss binden. Etwas abgekühlt über der Quarkmasse verteilen. Einen Tag kühl stellen.

Schmeckt herrlich frisch und kann gut einen Tag vorher zubereitet werden!

Von Waltraud Sailer, Winterrieden (Bild unten) und von Gabriele Gaßner, Hasberg (Bild oben)

Faschingskrapfen

Zutaten:
500 g Mehl
1 Prise Salz
30 g Hefe
1/4 l Milch
50 g Zucker
3 Eigelb
100 g weiche Butter
geriebene Zitronenschale
1 Päckchen Vanillezucker
Marmelade nach
Geschmack

Hefeteig von weicher, zarter Beschaffenheit herstellen. Sehr gut gehen lassen. Gegangenen Teig zu etwa 3 cm dicken Platten auswellen. Mit einer Tasse Krapfen ausstechen und nochmals etwa 20 Minuten gehen lassen bis sie ungefähr die Hälfte größer sind. Nun die Krapfen mit der Oberseite nach unten ins heiße Fett (ca. 150 bis 180 Grad) geben und auf jeder Seite etwa 5 Minuten goldgelb ausbacken. Krapfen herausnehmen und abtropfen lassen. Mit dem Spritzbeutel Marmelade einfüllen und mit Puderzucker bestäuben.

Von Eva-Maria Kobold,
Marktoberdorf

Feine Johannisbeerschnitten

Zutaten:
Biskuitteig:
4 Eier
4 EL Wasser
200 g Zucker
200 g Mehl

Belag 1:
1,5 kg Johannisbeeren
200 g Zucker
2 Päckchen
Vanillepuddingpulver
1 Tasse Wasser
4 EL Zucker

Belag 2:
2 Packungen Butterkekse
1 bis 2 Zitronen
150 g Puderzucker

Schmeckt erfrischend an heißen Sommertagen und gelingt leicht!

Von Caroline Gehring, Unterjoch

Backofen auf 200 Grad vorheizen, tiefes Backblech fetten und bemehlen. Biskuitteig herstellen: Eier und Wasser schlagen, Zucker einrieseln lassen und Schaummasse schlagen, Mehl einsieben und vorsichtig mit dem Schneebesen unterheben. Teig gleichmäßig auf dem Blech verteilen und backen. Die Backzeit beträgt bei 200 Grad etwa 15 bis 20 Minuten. Nach der Backzeit erkalten lassen. Johannisbeeren in einem Topf zum Kochen bringen, Zucker gleich zugeben. Puddingpulver mit einer Tasse Wasser und 4 EL Zucker anrühren und unter die kochenden Johannisbeeren einrühren. Masse aufkochen und etwas abkühlen lassen. Johannisbeermasse auf dem Biskuitboden verstreichen und vollständig erkalten lassen. Kuchen mit Butterkeksen belegen. Zitrone auspressen und mit Puderzucker zu einem dickflüssigen Zuckerguss verrühren. Kekse mit Zuckerguss bestreichen und trocknen lassen. Gutes Gelingen!

Feine Quarkknödel

Zutaten:
80 g Butter
4 bis 5 Eier
Salz
500 g Quark
250 bis 300 g Semmelbrösel
nach Bedarf etwas Mehl

Zum Kochen:
Salzwasser

Zum Anrichten:
etwas Butter
Semmelbrösel

Butter schaumig rühren, abwechselnd Quark und Eier unterrühren, würzen, Semmelbrösel untermengen (je nach Feuchtigkeitsbedarf des Quarks). Teig etwas stehen lassen, Probeknödel formen und kochen. Ist er gut, Teig entsprechend der gewünschten Knödelzahl einteilen, kleine Knödel formen, in kochendem Salzwasser 5 bis 10 Minuten leise ziehen lassen. Mit Schaumlöffel herausnehmen, sehr gut abtropfen lassen, mit in Butter gerösteten Semmelbröseln auf heißer Platte anrichten. Falls Teig zu weich, etwas Mehl unterrühren. Mit Zucker bestreuen. Kompott nach Wahl.

*Von Susanne Riedmüller,
Pless*

Feine Waffeln

Zutaten:
150 g Butter
150 g Zucker
3 Eier
1 EL Rum
150 g Mehl
1/2 TL Backpulver
1 TL Gebäckaroma

Zu Weihnachten: 100 g Mehl und 50 g Gewürzmehl mischen. Mit Orangenspalten und Vanilleeis garnieren

Sandmasse herstellen: Butter sehr schaumig rühren, Zucker im Wechsel mit den ganzen Eiern unterrühren, 1 EL Rum zufügen, Mehl mit Gebäckaroma und Backpulver mischen und unterrühren. Aus Sandteig Waffeln backen. Auf Kuchenteller legen und abkühlen lassen. Mit Puderzucker bestäuben und mit Vanilleeis garnieren.

Von Rike Nieberle,
Ebenhofen

Ferdinandeln

Zutaten:
450 g Mehl
1 Würfel Hefe
250 bis 300 ml warme Milch
3 Eier
1 Prise Salz
125 g Butter
3 EL Zucker
1 Tasse Milch
2 EL Zucker
2 Päckchen Vanillezucker
etwas Öl

Von Tanja Rothfelder, Dirlewang

Die Hefe in lauwarmer Milch auflösen, anschließend mit Mehl, Eiern und einer Prise Salz vermengen und Teig abkneten. Den Teig zu einem Rechteck von etwa 60 mal 40 cm ausrollen. Butter mit 3 EL Zucker schaumig rühren und auf das Rechteck streichen. Von der Längsseite her aufrollen und in 20 bis 25 Stücke schneiden und jeweils in etwas Öl wenden. Anschließend in eine Backform setzen. 50 Minuten gehen lassen und dann bei 200 Grad 25 Minuten backen. Eine Tasse Milch mit 2 EL Zucker und dem Vanillezucker aufkochen und über das fertige Gebäck gießen. Nach ein paar Minuten stürzen.

Ferdinandeln

Zutaten:
30 g Hefe
1 EL Zucker
1/2 Tasse lauwarme Milch
300 g Mehl
Salz
2 Eier
etwas Öl
125 g Butter
3 EL Zucker
1/4 Tasse Milch
2 Päckchen Vanillezucker

Mit Kirschkompott und Vanillesoße servieren.

Von Birgit Ruther, Eggenthal

Aus Mehl, Zucker, Eiern und Milch einen Hefeteig herstellen. Teig gut abkneten und gehen lassen. Aus Butter und Zucker eine Schaummasse rühren. Hefeteig zu einem Rechteck ausrollen und mit Butterschaummasse bestreichen. Das Ganze längs aufrollen und diese lange dünne Rolle in 18 bis 20 Stücke schneiden. Diese einzeln in etwas Öl wenden und in weiten Abständen in eine Auflaufform setzen. Etwa 40 Minuten gehen lassen und bei 200 Grad 20 bis 30 Minuten backen. Während des Backens 1/4 Tasse Milch mit Vanillezucker aufkochen und das Gebäck nach dem Backen beträufeln.

Fernandeln

Zutaten:
Teig:
300 g Mehl
30 g Hefe
1 TL Zucker
1/2 Tasse warme Milch
2 EL Zucker
1 Prise Salz

Fülle:
125 g Butter (temperiert)
3 EL Zucker
etwas Öl

Vanillemilch:
1/2 Tasse Milch
1 EL Zucker
2 Päckchen Vanillezucker

Mehl in eine Schüssel sieben, Grube formen. Hefe und Zucker zur Milch in die Tasse geben, verrühren und in die Mehlgrube geben. Gehen lassen. Restliche Zutaten zugeben und Hefeteig fertig kneten. Gehen lassen. Butter und Zucker für die Füllung verrühren. Den Teig auswellen und mit der weichen Füllung bestreichen und aufrollen. Aus der Rolle Schnecken schneiden, in wenig Öl wenden und in einer Auflaufform nebeneinander setzen. Fernandeln ins kalte Backrohr geben und dann bei 200 Grad etwa 20 Minuten backen. Vanillemilch zusammenmischen, über die Fernandeln geben und nochmals 15 bis 20 Minuten backen.

Von Gabi Angerhofer,
Bernbeuren

Fernandeln können warm oder kalt mit Vanillesoße gegessen werden.

Flambierte Bananen
auf Vanilleeis

Zutaten:
4 Bananen
(pro Person eine)
2 EL Honig
Zimt
2 cl Rum
4 Kugeln Vanilleeis

Dreht man zum Flambieren das Licht etwas zurück, kann man die Flammen gut sehen

Den Honig in einer Pfanne erhitzen. Die Bananen schälen und längs halbieren, dann zum erhitzten Honig in die Pfanne geben. Einmal wenden und mit Zimt bestreuen. Kocht der Honig richtig auf, den Rum darüber gießen und sofort anzünden. In flache Dessertschalen jeweils eine Kugel Eis geben. Die Bananen zum Eis anrichten. Den erhitzten Honig als Soße über dem Eis und den Bananen verteilen.

Von Sabine Brüchle, Günzach
Bild: Gabi Striegl

Früchte-Tiramisu

Zutaten:
2 Becher Frischkäse
3 Becher Sahne
3 Päckchen Sahnesteif
2 Päckchen Vanillezucker
150 g Puderzucker
2 Päckchen Tortenguss rot
400 g bis 500 g Löffelbiskuits
500 g gefrorene rote Früchte

Man kann den Tortenguss auch mit rotem Fruchtsaft und klarem Tortenguss anrühren

Die Sahne mit Sahnesteif schlagen, den Frischkäse mit dem Puderzucker verrühren und anschließend die Sahne dazu geben. Nun abwechselnd Creme – Biskuits – Creme in eine Form schichten. Anschließend den Tortenguss wie auf der Packung beschrieben zubereiten und die Früchte unterrühren. Das Ganze auf der Creme verteilen und über Nacht kalt stellen.

Von Marlies Schleifer, Eggenthal

Früchte-Tiramisu

Zutaten:
Früchtesalat:
2 Äpfel
2 Bananen
1 kleine Dose Pfirsich
1 kleine Dose Ananas
etwas Zitronensaft
2 EL Zucker

Creme:
2 Eier
2 Becher Sahne
2 Becher Quark
80 g Zucker
1 Päckchen Vanillezucker
etwas Zitronensaft und
Zitronenschale
1 Päckchen Butterkekse
Kaba zum Bestreuen

Früchte klein schneiden und mit dem Zitronensaft und Zucker ziehen lassen. Sahne steif schlagen. Eier trennen und Eiweiß steif schlagen Eigelb mit Zucker, Vanillezucker, Zitronensaft, Zitronenschale und Quark verrühren. Die Sahne sowie das Eiweiß unterheben. In eine Schüssel oder Auflaufform abwechselnd die Butterkekse, den Früchtesalat sowie die Creme schichten. Mit der Creme abschließen und das Früchtetiramisu kühl stellen. Sollte mindestens 12 Stunden ziehen. Vor dem Servieren das Früchtetiramisu mit dem Kaba bestreuen.

Von Ulrike Beck,
Argenbühl

Früchte-Tiramisu

Zutaten:
2 Becher Frischkäse
2 Becher Sahne
100 g Puderzucker
1 Päckchen Vanillezucker
2 Päckchen Biskuit
2 Päckchen gefrorene
Früchte (beispielsweise
Himbeeren)
2 Päckchen roten
Tortenguss
etwas Amaretto

lässt sich gut
vorbereiten und geht schnell.

Von Sigrid Müller,
Lengenwang

Frischkäse mit Zucker verrühren. Steif geschlagene Sahne unterheben. Biskuits mit Amaretto beträufeln und abwechselnd mit der Creme in eine Auflaufform oder Dessertgläser schichten. Zum Schluss gefrorene Früchte darauf verteilen und mit warmem Tortenguss übergießen. 4 bis 5 Stunden stehen lassen und kühl genießen.

G'walte Kiechle

Zutaten:
500 g Mehl
2 Prisen Salz
1 EL Zucker
etwa 1/4 l saure Sahne

Geht schnell
und schmeckt gut.

Von Klara Berkmann,
Oberstaufen
Bild: Ulrike Finkenzeller

Aus den genannten Zutaten einen Teig kneten. Diesen Teig nicht zu dünn, fladenweise ausrollen. Mit dem »Rädler« rechteckige Kiechle ausschneiden. Die Rechtecke in heißem Fett schwimmend backen. Die fertigen Kiechle mit Zucker und Zimt oder Puderzucker bestreuen. Dazu passt Apfelkompott, Kirschen oder Zwetschgen. Wer mag, kann auch Kaffee dazu trinken.

Gefüllte Bratäpfel
mit Vanillesoße

Zutaten:
4 große Äpfel
60 g Rum-Rosinen
1 EL Haselnusskrokant
50 g Marzipanrohmasse
1/2 abgeriebene Orangenschale
Fett für die Form

Vanillesoße:
1 Päckchen Vanillesoßenpulver
1/2 l Milch
50 g Zucker
1 Vanilleschote
250 g Mascarpone

Äpfel waschen, Kernhaus ausstechen. Rosinen, Krokant, zerbröckeltes Marzipan und Orangenschalen mischen und in die Äpfel füllen. In eine gefettete Auflaufform setzen und im Backofen bei 200 Grad 40 bis 50 Minuten backen. 3 EL Milch mit Soßenpulver und Zucker verrühren. Restliche Milch mit Vanillemark aufkochen. Angerührtes Soßenpulver einrühren, nochmals kurz aufkochen. Mascarpone unterrühren. Zu den Äpfeln servieren.

Von Barbara Löcherer,
Lengenwang
Bild: Ulrike Finkenzeller

Gratinierte Pfirsiche

Zutaten:
150 g Schlagsahne
60 g Zartbitter-Schokolade
4 Pfirsichhälften aus der Dose
2 Eiweiß
60 g Zucker
1 TL Stärkemehl
1 TL Zitronensaft

Sahne erhitzen, Schokolade hacken und in der Sahne unter Rühren schmelzen. Auskühlen lassen und von Zeit zu Zeit umrühren. Pfirsiche abtropfen lassen und in eine ofenfeste Form oder Tasse setzen. Eiweiß steif schlagen, Zucker einrieseln lassen und 1 TL Stärkemehl zum Schluss unterrühren. Baiser in einen Spritzbeutel mit Sterntülle geben und jeweils einen dicken Tuff in jede Pfirsichhälfte spritzen. Im vorgeheizten Backofen 15 Minuten bei 150 Grad gratinieren oder bis sich der Baiser leicht bräunt. Aus der Tasse nehmen, Schokoladensoße auf Teller verteilen und die Pfirsiche darauf anrichten.

Von Helena Ziegler, Buchloe

Grießauflauf mit heißer Milch

Zutaten:
6 Eier
100 g Zucker
250 g Grieß
1 Päckchen Vanillezucker
20 g Stärke
1/2 l heiße Milch

Aus Eiern und Zucker eine Schaummasse schlagen. Grieß und Stärke zugeben. Diese Masse in eine gefettete Auflaufform füllen. Bei 200 Grad etwa 30 Minuten backen. Dann mit heißer Milch übergießen und bei 100 Grad 15 Minuten weiterbacken. Die Milch zieht ein und macht den Auflauf saftig. Dazu passt Kompott.

Von Gabi Schmid,
Heimenkirch

Grießflammeri
mit Erdbeeren und Kiwi

Zutaten:
1 Ei
1/2 l Milch
50 g Zucker
1 EL Zucker
Schale von 1 Zitrone
1 TL Bourbon Vanillezucker
60 g Grieß
200 g Erdbeeren
1 EL Zitronensaft
2 Kiwis
Melisse zum Verzieren

Von Renate Berkmann,
Oberstaufen
Bild: Sylvia Weixler

Ei trennen, Eigelb und 2 EL Milch glatt rühren. Restliche Milch, 50 g Zucker, Zitronenschale und Vanillezucker aufkochen. Vom Herd nehmen. Zitronenschale entfernen und Grieß unter Rühren einstreuen. 4 bis 5 Minuten quellen lassen. Eiweiß steif schlagen und unterheben. In kleine Förmchen füllen, für etwa 2 Stunden kalt stellen. Erdbeeren waschen und mit 1 EL Zucker und Zitronensaft pürieren. 4 Erdbeeren und Kiwi in Scheiben beziehungsweise Stücke schneiden. Flammeri auf Teller stürzen und mit Erdbeeren, Kiwi und Melisse verzieren.

Grießigel

Zutaten:
100 g Zucker
200 g Grieß
4 Eier
abgeriebene Schale einer
1/2 Zitrone
1 Vanillezucker
gut 3/4 l warme Milch

Eier trennen, Eiweiß zu Eischnee schlagen, Eigelb und Zucker schaumig rühren, Vanillezucker und Zitrone unterrühren, Grieß und Eischnee abwechselnd unterrühren! In eine mit Backpapier ausgelegte Springform füllen! Dann 45 Minuten bei 170 Grad backen, danach den Griesigel mit der Milch nach und nach übergiessen und ca. 10 Minuten fertig backen!

Dazu passt super eine Vanillesoße!
Man kann auch Kompott dazu essen!!

Von Yvonne Burger,
Buchenberg
und von Andrea Schmid,
Oberschönegg

Grün auf Grün

Zutaten:
2 reife Avokado
2 Limonen oder Zitronen
(Saft)
4 EL Puderzucker
2 Tassen Vanilleeis
einige frische Minzblätter
oder »After Eight«

Avokados schälen, in den Mixbecher geben und sofort den Limonensaft darüber geben. Zucker und Vanilleeis dazu geben und alles sehr fein pürieren. Die Masse in Dessertschalen geben und mit Minzblättern garnieren. Fertig!

Die Avokado kann auch durch
eine Banane ersetzt werden.

Von Gabi Angerhofer,
Bernbeuren

Haferflocken-Auflauf

Zutaten:
6 Eier
250 g Butter
250 bis 300 g Zucker
500 g Magerquark
350 g Haferflocken
200 g gemahlene Nüsse
1 Päckchen Backpulver
2 Päckchen Vanillepudding

Schaummasse herstellen. Alle anderen Zutaten dann unterheben. Auflaufform etwas buttern und eventuell mehlen oder mit Grieß bestreuen. Masse einfüllen. Bei 175 Grad etwa 35 bis 45 Minuten backen. Dazu schmeckt sehr gut Zwetschgenkompott.

Von Stefanie Herz,
Ermengerst
Bild: Gabi Striegl

Heidelbeercreme

Zutaten:
1 Päckchen Tiefkühl-
Heidelbeeren
3 EL Zucker
3 EL Zitronensaft
250 g Naturjoghurt
2 bis 3 Becher Gelatine
1 Becher Sahne

Heidelbeeren in zwei Gefäße aufteilen, die Hälfte der Früchte pürieren. Zucker und Zitronensaft unter das Fruchtpüree rühren. Joghurt zur Fruchtmasse geben, alles gut vermischen. Gelatine in kaltem Wasser einweichen und in 2 bis 3 EL heißem Wasser auf der Herdplatte auflösen. Gelatine zur Fruchtmasse geben und die ganzen Früchte unterheben. Sahne schlagen, einen Teil der Sahne zum Verzieren in einen Spritzbeutel füllen. Die restliche Sahne unter die Creme heben und sofort abfüllen. Creme mit Sahne und Heidelbeeren verzieren. Kühl stellen.

Von Christine Redler,
Bolsterlang
Bild: Sabine Bitter

Herbstfrucht-Welle

Zutaten:
150 g Brombeeren
200 g Schmand
150 g Naturjoghurt
100 g Sahne
150 g Löffelbiskuit
2 EL Zucker
1 Päckchen Vanillezucker

Brombeeren pürieren und mit einem EL Zucker süßen, je nach Geschmack nachsüßen. Schmand und Naturjoghurt miteinander verrühren und Vanillezucker sowie Zucker zugeben. Zum Schluss die geschlagene Sahne unterheben. Schichtweise Brombeerpüree, Schmandmasse und Löffelbiskuits in eine Schüssel geben. Als letzte Schicht eine Schmandmasse darauf geben, mit der Gabel eine Marmorierung einziehen. Mit Löffelbiskuits dekorieren.

Von Sonja Hauser,
Wengen

Himbeer-Bananen-Dessert

Zutaten:
300 g gefrorene Himbeeren
2 Bananen
1/4 l süße Sahne
2 EL Honig
Mürbteigreste, Biskuitreste oder Löffelbiskuit
Amaretto oder Rum
Vanillegewürz

Schmeckt auch sehr gut mit anderen gefrorenen oder frischen Beeren

Kuchen oder Löffelbiskuit zerbröseln, mit Amaretto oder Rum tränken. Himbeeren mit dem Mixer zerkleinern. Bananen schaumig pürieren. Sahne steif schlagen, mit Honig und Vanille abschmecken. Hohe Dessertgläser schichtweise mit Kuchenkrümeln, Himbeeren und Banane füllen. Mit Sahne garnieren. Mit Himbeeren oder Bananenscheiben verzieren.

Von Gabi Freudling, Kempten

Himbeer-Sorbet

Zutaten:
100g Zucker
500 g gefrorene Himbeeren
50 ml Orangensaft

Alle Zutaten mixen und schön anrichten.

Von Hildegard Obermayer,
Lachen
Bild: Sandra Walk

Himbeer-Traum

Zutaten für 2 Personen:
200 g Himbeeren
2 EL Zitronensaft
1 Päckchen Vanillezucker
2 Becher Vollmilch-Joghurt
1/8 l Schlagsahne
4 Eiswürfel

Man kann auch frische Früchte der Saison verwenden, ist meistens billiger und schmeckt besser!

Von Alexandra Vachal, Unggenried
Bild: Gabi Striegl

Himbeeren waschen, verlesen und zwei zum Garnieren zurück behalten. Früchte in eine Schüssel geben, dazu Zitronensaft und Vanillezucker. Mit der Gabel zerdrücken. Joghurt zufügen und mit dem Schneebesen tüchtig schlagen bis die Früchte fein zerkleinert sind. Nach Wunsch durch ein Sieb geben um die Kerne zu entfernen. Sahne steif schlagen. Himbeer-Traum in schöne Gläser auf Eiswürfel gießen. Sahnehäubchen darauf setzen und mit einer Himbeere krönen.

Himbeer-Traum

Zutaten:
500 g Joghurt (Vollmilch)
1 EL Zitronensaft
8 EL Zucker
6 Blatt Gelatine weiß
300 g Himbeeren
200 g Sahne
2 Päckchen Vanillezucker

Joghurt mit Zitronensaft und 6 EL Zucker verrühren. Gelatine nach Anweisung auflösen und hinzufügen. Die Hälfte der Himbeeren dazugeben. Sobald die Speise anfängt sämig zu werden, geschlagene Sahne unterheben. Creme in eine Schüssel füllen und kühl stellen. Restliche Himbeeren mit Vanillezucker und 2 EL Zucker pürieren und über die Creme geben.

Von Anna Harscher,
Bad Wurzach
Bild: Sabine Bitter

Himbeer-Tiramisu

Zutaten:
2 Becher Frischkäse
(eventuell fettarm, oder mit Jogurt)
250g Magerquark
500g Sahne
2 Päckchen Sahnesteif
150g Puderzucker
500g gefrorene Himbeeren
1 Päckchen Tortenguss
200g Löffelbiskuits

Am Besten einen Tag vorher zubereiten, dann ist alles gut durchgezogen! Kann man als Kuchen oder Dessert verwenden.

Sahne mit Sahnesteif schlagen. Frischkäse, Quark und Puderzucker verrühren, Sahne unter die Quarkmischung heben.
In dieser Reihenfolge in die Auflaufform schichten:
Löffelbiskuits
Quarkmischung
Löffelbiskuits
Quarkmischung
Gefrorene Himbeeren
Tortenguss darüber geben

Von Marlene Müller,
Attenhausen

Himbeer-Tiramisu

Zutaten:
2 Becher Sahne
2 Päckchen Sahnesteif
150 g Puderzucker
2 Becher Frischkäse (je 200 g)
500 g Quark
3 Packungen Löffelbiskuit
2 Packungen gefrorene oder auch frische Himbeeren (etwa 500 g)
2 Päckchen roter Tortenguss

Wenn keine Kinder mitessen, können die Löffelbiskuits mit Himbeerlikör getränkt werden.

Sahne mit Sahnesteif steif schlagen und gesiebten Puderzucker, Frischkäse und Quark unterrühren. Den Boden einer Auflaufform mit Löffelbiskuits auslegen, die Hälfte der Creme aus Sahne, Puderzucker, Frischkäse und Quark darauf verteilen. Anschließend wieder eine Schicht aus Löffelbiskuits und die zweite Hälfte der Creme aufbringen. Auf die oberste Creme die Himbeeren setzen und den nach Packungsanleitung zubereiteten Tortenguss darüber geben. Kühl stellen.

Von Christa Schmid,
Eberhardzell

Himbeer-Tiramisu

Zutaten:
200 g Löffelbiskuit
250 g Mascarpone
(eventuell auch halbe
Menge Quark)
300 g Schlagsahne
500 g Himbeeren
3 EL Zucker
2 Päckchen Sahnesteif
2 EL Honig
100 ml Apfelsaft
100 g Mandelblättchen

Egal, ob zu Kaffee oder als Nachtisch, diese traumhaft erfrischend schmeckende Süßspeise kommt immer gut an.

Die Mandeln in der Pfanne kurz anrösten. Den Mascarpone mit Honig glatt rühren. Die Sahne steif schlagen und unter die Mascarponemasse heben. Die Hälfte der Himbeeren mit dem Apfelsaft und dem Zucker im Mixer pürieren. Eine rechteckige Schüssel mit einer Lage Löffelbiskuit belegen und mit Himbeerpüree tränken. Einige Himbeeren darauf geben und Cremeschicht darauf verteilen. Wieder mit Biskuit beginnen, bis alle Zutaten aufgebraucht sind. Die letzte Schicht sollte aus Creme bestehen. Mindestens 4 Stunden kalt stellen: vor dem Servieren mit gerösteten Mandeln bestreuen.

Von Margit Sauter,
Wald

Himbeer-Tiramisu
kalorienarm

Zutaten:
500 g Magerquark
1000 g Joghurt (mit Vanillezucker süßen)
Saft oder Kaffee-Amaretto-Mischung
150 g Himbeeren (oder auch mehr)
Löffelbiskuits nach Bedarf
Pistazien oder Schokoblättchen

Ein Spitzennachtisch, der sicher in vielen Situationen die schlechte Stimmung vertreibt!

Magerquark und Joghurt mischen und mit Zucker nach Geschmack abschmecken (auch etwas Vanillezucker zugeben). Die Himbeeren untermengen. Löffelbiskuits in Fruchtsaft oder Kaffee-Amaretto-Mischung wenden und in eine Form schichten. Quarkmischung darüber geben, kalt stellen. Vor dem Servieren mit gehackten Pistazien oder Schokoblättchen garnieren.

Von Barbara Diebolder, Lachen

Hirse-Quark-Creme

Zutaten:
100 g fein gemahlene Hirse
1/4 l Milch
1/4 l Wasser
200 g Quark
2 EL Honig
2 EL Mineralwasser
300 g Obst (Erdbeeren, Brombeeren, Pfirsiche)
30 g gehackte Haselnüsse
1 Prise Vanillepulver
Saft einer Zitrone

Hirse, Milch und Wasser unter ständigem Rühren zum Kochen bringen. Herdplatte ausschalten, auf der noch heißen Platte etwa 15 Minuten ausquellen lassen. Quark mit Honig und Mineralwasser schaumig schlagen, Zitronensaft unter die Quarkcreme rühren und mit der ausgequollenen Hirse verrühren. Obst waschen, klein schneiden und zusammen mit den Nüssen und Vanillepulver unterheben. Eventuell nochmals mit Honig abschmecken. Quarkcreme in Dessertschälchen anrichten, sie schmeckt warm oder kalt.

Von Rosemarie Breyer, Durach
Bild: Sabine Buchmann

Hörnchen

Zutaten:
100 g Butter
1 1/2 EL Zucker
1 Ei
1/2 Würfel Hefe
100 ml lauwarme Milch
300 g Mehl

150 g Apfelmus

Zum Verzieren:
1 verquirltes Ei
Hagelzucker

Statt Apfelmus können die Hörnchen auch mit einer Mischung aus 25 g Butter, 25 g geriebener Marzipan-Rohmasse und 1 bis 2 EL fein geriebenem Apfel gefüllt werden. Eine weitere, einfache Variante ist eine Füllung aus Orangenmarmelade oder klein gehackter Schokolade.

Von Sybille Leute, Hergensweiler
Bild: Sandra Walk

Mit Butter, Zucker, Ei, Hefe, Milch und Mehl einen Hefeteig erstellen und den Teig etwa 30 Minuten gehen lassen. Den Teig auf einer bemehlten Arbeitsfläche nochmal durchkneten und halbieren. Jede Hälfte zu einer runden Platte von etwa 30 cm Durchmesser ausrollen. In 8 gleich große Tortenstücke schneiden. Auf die Mitte jedes Teigstücks etwas Apfelmus geben. Von der Breitseite hin zur Spitze Hörnchen aufrollen. Auf das Blech legen und zugedeckt 30 Minuten gehen lassen. Backofen auf 220 Grad vorheizen. Hörnchen mit Ei bestreichen und mit Hagelzucker bestreuen. 10 Minuten goldgelb backen.

Holdermus

Zutaten:
250g Holunderbeeren
1/4 l Wasser
1 l Milch
5 EL Mehl
5 EL Zucker
1 TL gemahlener Zimt

Holunderbeeren entstielen und mit Wasser 10 Minuten kochen. Mehl mit etwas kalter Milch glatt rühren. Übrige Milch mit Holunderbeeren und Wasser aufkochen, angerührtes Mehl einrühren und mit Zucker und Zimt abschmecken. Holundermus unter Rühren mindestens 1 Minute kochen lassen. Heiß servieren.

Von Isolde Hirscher,
Leutkirch
und von Angelika Frey,
Dirlewang

Holdersuppe

Zutaten:
2 l Holundersaft
400 g Zucker
100 g »Mondamin«
2 Bananen
1 Tasse Himbeeren, Erdbeeren oder Kirschen

Den Holundersaft mit dem Zucker zum Kochen bringen. »Mondamin« mit Wasser zu einem Teiglein rühren. Diesen in den kochenden Saft einlaufen lassen. Die Suppe abkühlen lassen und später Bananenscheiben oder andere Früchte unterheben.

Zu der Holdersuppe backe ich immer Waffeln, so ist schnell ein Mittagessen zubereitet.

Von Gabi Schmid,
Heimenkirch

Holunder- und Apfelküchle

Zutaten:
Pfannkuchenteig
Äpfel oder
Holunderblüten

Aus Mehl, Milch, 2 bis 3 Eiern, Zucker und einer Prise Salz einen Pfannkuchenteig anrühren.
Die Äpfel schälen und in Ringe schneiden. Die Apfelkerne raus schneiden. Die Äpfel oder die Holunderblüten in den Teig eintauchen und in der Friteuse herausbacken.
Mit Zucker und Zimt servieren.

*Von Barbara Winter,
Binzen/Petersthal*

Holunderkompott

Zutaten:
1/2 EL Butter
500 g Holunderbeeren
2 EL Zucker
1 Päckchen Vanillezucker
1 Stückchen Zimtstange
100 ml Wasser
1 EL Speisestärke

Schmeckt gut als Beilage zu Grießschnitten oder Pfannkuchen!

Die gewaschenen Holunderbeeren in der zerlassenen Butter andünsten bis sie Saft abgeben. Dann den Zucker, Vanillezucker und die Zimtstange zugeben. Mit Wasser aufgießen und zum Kochen bringen. Zum Andicken die Speisestärke in Wasser auflösen und unter Rühren in die kochende Masse geben. Weiterköcheln lassen. Man kann auch einen Teil Zwetschgen mitkochen.

Von Elisabeth Fischer, Wangen

Holunderpudding
mit Joghurthaube

Zutaten:
1/2 l Holundersaft
1 Päckchen Vanillepudding
3 EL Zucker
1 Glas Naturjoghurt
(500 g)
Saft einer 1/2 Zitrone
3 EL Zucker

Puddingpulver und Zucker mit etwas Holundersaft anrühren, restlichen Saft aufkochen, angerührtes Pulver zugeben und einmal aufkochen. 2 EL Pudding in eine Tasse geben, 1 EL Wasser dazu rühren und beiseite stellen. Den übrigen Pudding in eine Glasschale gießen und fest werden lassen. Joghurt mit Zitronensaft und Zucker verrühren und auf den kalten Pudding streichen. Verrührten Holunderpudding in ein Schnabeltöpfchen geben und als Spirale auf den Joghurt gießen, mit einem Messer oder Spießchen verziehen.

Von Elfriede Dorn,
Lauben

Joghurt-Ananas-Becher

Zutaten:
600 g Naturjoghurt
100 g Sahne
50 g Puderzucker
1 Dose Ananas
80 g gehackte Nüsse
(8 EL)
40 g Zucker
etwas Honig
Mikadostäbe

Geht sehr schnell!

Ananas in kleine Stücke schneiden. Sahne schlagen. Naturjoghurt mit Puderzucker verrühren, Sahne hinzugeben und kurz unterrühren. Die Hälfte der Masse in Glasschalen verteilen, anschließend die Ananasstücke darauf legen. Restliche Masse hinzugeben. Gehackte Haselnüsse mit Zucker in einer nicht beschichteten Pfanne karamellisieren, auf die Masse geben und mit einigen Tropfen (oder Streifen) Honig verzieren. Mikadostäbe für die Optik an den Rand stecken. Kalt stellen.

Von Andrea Häring,
Lauben

Joghurt-Creme

Zutaten für 6 Personen:
500 g Joghurt
125 g Zucker
1 Vanillezucker
abgeriebene Schale von
1/2 Zitrone
6 Blatt Gelatine
Wasser zum Auflösen
1 Becher Schlagsahne
Früchte zum Einlegen
(Pfirsiche, Himbeeren,
Erdbeeren, Beeren-
mischung)
100 g Schokostreusel
oder Kokosflocken

Früchte vorbereiten (klein schneiden) und mit etwas Saft in eine Glasschüssel geben. Gelatine einweichen, Sahne steif schlagen. Joghurt mit Zucker und Geschmackszutaten verquirlen. Aufgelöste Gelatine zur Joghurtmasse geben, Schokostreusel und Sahne darunter heben und in die Glasschüssel füllen. Fest werden lassen (etwa 2 Stunden). Eventuell mit Sahne und Früchten verzieren.

Von Marianne Merk,
Ottobeuren
Bild: Brigitte Weixler

Joghurtcreme
»Fürst-Pückler-Art«

Zutaten:
Grundcreme:
2 Becher Naturjoghurt
80 g Zucker
1 Päckchen Vanillezucker
Saft einer 1/2 Zitrone
1/4 l Milch
6 Blatt Gelatine
1/4 l Schlagsahne
Schokocreme:
2 gestrichene EL »Kaba«

Himbeercreme:
100 g Himbeeren

Gelatine in kaltem Wasser einweichen. Joghurt, Milch, Zucker, Vanillezucker und Zitronensaft schaumig rühren. Die gelöste Gelatine unter Rühren zugeben und die Masse kalt stellen. Sahne steif schlagen und sobald die Masse zu steifen beginnt unterheben. Die Creme dritteln. Grundcreme (weiß) als erstes Drittel in eine Anrichteschüssel geben und kurz kalt stellen. Schokocreme: Den »Kaba« sieben, unter das zweite Drittel heben und auf die weiße Creme geben.

Himbeercreme: Die Himbeeren pürieren, unter das letzte Drittel heben und auf der Schokocreme verteilen. Die »Fürst-Pückler«-Creme im Kühlschrank steifen lassen und verzieren.

Von Annette Binder,
Bad Wurzach (Bild oben)
und von Inge Riß,
Bad Wurzach (Bild unten)

In die gelöste Gelatine ca. 2 EL der Joghurtmasse geben und dies dann erst zur Masse geben. Dadurch wird Klümpchenbildung der Gelatine verhindert.

Joghurt-Grießspeise

Zutaten:
1/2 l Milch
80 g Grieß
75 g Zucker
20 g Butter
300 g Naturjoghurt
Beeren oder Kompott
nach Wahl

Milch mit Grieß, Butter und Zucker zum Kochen bringen. Unter ständigem Rühren etwa 10 Minuten ausquellen lassen. In die etwas abgekühlte Masse den Joghurt unterrühren. In Schälchen abfüllen und mit Beeren oder Kompott servieren.

Wenn der Grießbrei etwas dicklicher gekocht wird, lässt er sich prima in eine kalt ausgespülte Schüssel füllen und nach dem Erkalten stürzen. Wer das Ganze noch cremiger haben möchte, kann geschlagene Sahne zugeben oder den Naturjoghurt durch Vanillejoghurt tauschen.

Von Barbara Steinle,
Lautrach
Bild: Gabi Striegl

Joghurt-Johannisbeer-Becher

Zutaten:
500 g rote Johannisbeeren (frische oder tiefgefrorene)
150 g Zucker
300 g Naturjoghurt

Schmeckt auch super mit Brombeeren!

Von Stefani Keck, Oberstaufen

Frische Johannisbeeren waschen und von den Stielen zupfen (tiefgefrorene auftauen). Mit dem Zucker vermischen und dabei die Beeren zerdrücken. Durch ein Sieb streichen. Joghurt und Johannisbeermark abwechselnd in Dessertgläser schichten. Vor dem Servieren kurz kalt stellen.

Joghurt-Mint-Creme
auf Sauerkirschen

Zutaten:
1 Glas Sauerkirschen
100 g Schoko-Mint-Täfelchen (»After Eight«)
200 ml Sahne
400 g Naturjoghurt
1 EL Vanillezucker
50 g Zucker
Minzeblättchen
3 Blatt Gelatine

Kirschen abtropfen lassen. Kirschsaft erhitzen, 3 Blatt Gelatine darin auflösen, mit Kirschen in Dessertgläser füllen. Im Kühlschrank 1 Stunde fest werden lassen. 4 Schoko-Mint-Täfelchen beiseite legen, den Rest hacken. Sahne steif schlagen, Joghurt, Vanillezucker und Zucker gut verrühren und unter die Sahne heben. Gehackte Mint-Täfelchen untermischen. Die Crememasse auf den Kirschen verteilen. Kühl stellen. Mit Minztäfelchen und Minzblättern garnieren.

Von Claudia Ettensperger, Oy
Bild: Sabine Buchmann

Joghurt-Mousse

Zutaten für 4 bis 6 Personen:
450 g Joghurt natur (3,5 Prozent Fett)
100 g Zucker
Saft von 3 bis 4 Zitronen
5 Blatt Gelatine
200 bis 250 g Sahne

Joghurt, Zucker und Saft der Zitronen gut verrühren. Gelatine einweichen und auflösen und gut in die Joghurtmasse einrühren. Sahne steif schlagen und unter die Joghurtmasse heben. Steif werden lassen. Zum Anrichten Nocken abstechen oder mit dem Eislöffel Kugeln abstechen. Dazu passen Erdbeeren, Johannisbeeren, rote Grütze, sämtliche Eissorten, Schokoladensoße oder Obstsalat.

Von Anneliese Wagner,
Kronburg

Joghurt-Nocken auf Kirschen

Zutaten:
4 Blatt Gelatine
1 Zitrone
500 g Vollmilchjoghurt
2 bis 3 EL flüssiger Honig
100 g Schlagsahne
500 g frische oder 1 Glas Sauerkirschen
1/2 bis 1 EL Speisestärke
1/4 l Kirschsaft
2 EL Zucker
1 Päckchen Vanillezucker
Minze zum Verzieren

Gelatine kalt einweichen. Zitrone auspressen. Joghurt, Honig, Zitronenschale und Saft verrühren. Gelatine ausdrücken und bei schwacher Hitze auflösen. Erst 2 bis 3 EL vom Joghurt unterrühren, dann unter übrigen Joghurt rühren. Sahne steif schlagen und unterheben. Dann 3 bis 5 Stunden kalt stellen. Kirschen waschen, entstielen und entsteinen. Stärke und 2 EL Saft verrühren. Rest Saft, Zucker und Vanillezucker aufkochen. Stärke einrühren, kurz aufkochen und Kirschen unterheben. Auskühlen lassen. Aus der Joghurtcreme etwa 8 Nockerl abstechen. Auf den Kirschen anrichten. Eventuell mit Minze verzieren.

Von Marianne Uhlemayr, Probstried

Joghurt-Nockerl

Zutaten:
3 Eigelb
100 g Puderzucker
2 Becher Joghurt
1 Becher Schlagsahne
4 Blatt Gelatine
1 EL Rum
1 EL Zitronensaft
1 Päckchen Vanillezucker
Erdbeeren

Eigelb, Puderzucker, Vanillezucker und Joghurt verrühren. Gelatine 10 Minuten in Wasserbad geben. Rum und Zitronensaft erhitzen, Gelatine darin aufrühren, etwas erkalten lassen. Dann tropfenweise zum Joghurt geben. Alles mit geschlagener Sahne vermengen. In eine Schüssel geben und 24 Stunden in den Kühlschrank stellen. Dann mit einem Löffel Nockerl ausstechen und auf pürierten Erdbeeren anrichten.

Von Martina Böck,
Eppishausen
Bild: Gerlinde Hörmann

Joghurt-Orangen-Creme

Zutaten:
500 g Joghurt
2 Eigelb
100 g Zucker
1 Päckchen Vanillezucker
4 EL Orangen- oder Zitronensaft
5 Blatt Gelatine
2 Eiweiß steifgeschlagen
200 g Sahne steifgeschlagen

Joghurt mit Eigelb, Zucker, Vanillezucker und Saft cremig rühren. Die eingeweichte, aufgelöste Gelatine unterrühren. Wenn die Creme beginnt zu gelieren, steif geschlagene Sahne und Eischnee unterziehen.

Von Anna Harscher,
Bad Wurzach
Bild: Gerlinde Hörmann

Joghurt-Schokoladen-Mousse

Zutaten:
100 g Schokolade
200 g Schlagsahne
200 g Joghurt

Dieses Rezept ist unser absolutes Lieblingsdessert. Es kann sehr festlich angerichtet werden, ist schnell und einfach zuzubereiten und kann auch schon einen Tag im voraus hergestellt werden. Zudem ist es viel leichter als ein echtes Mousse au Chocolat und mindestens genau so gut!

Von Marlene Dopfer, Germaringen

Die Schokolade schmelzen. Schlagsahne steif schlagen und den Joghurt unterheben. Vorsichtig mit der Schokolade vermengen. Die Masse in eine Servierschüssel füllen oder in Gläser oder Schälchen portionieren. Mindestens 2 Stunden kühl stellen. Ergibt eine lockere stich- und standfeste Masse. Von der Masse können mit einem Löffel auch Nocken abgestochen werden oder mit einem Eisportionierer Kugeln, wie in unserem Serviervorschlag. Auf unserem Bild haben wir einen Soßenspiegel aus pürierten Himbeeren (200 g Himbeeren mit 1 EL Zucker und etwas Wasser) und kleinen Crème fraîche Tupfen, die zu Herzen gezogen wurden angerichtet und darauf mit dem Eisportionierer eine Kugel Mousse gegeben. Das Mousse schmeckt sehr gut mit allen Schokoladenarten, besonders auch mit Nougat! Es kann auch mit zwei oder drei verschiedenen Schokosorten (weiß, Vollmilch, Zartbitter) zubereitet werden und die einzelnen Mousses dann in Portionsgläser geschichtet werden.

Joghurt-Türmchen mit Kiwi

Zutaten:
400 g Joghurt
250 g Quark
1 Zitrone
1 Päckchen Vanillezucker
75 g Zucker
6 Blatt Gelatine
2 Kiwis

Joghurt, Quark, Zitrone, Vanillezucker und Zucker glatt rühren. Gelatine einweichen, auflösen, in kalt ausgespülte Förmchen (Tassen) füllen, 2 bis 3 Stunden kalt stellen. 2 Kiwis schälen, in Scheiben schneiden, Joghurtcreme stürzen, mit Kiwischeiben anrichten.

Oder:
Aus 200 g Erdbeeren und 2 EL Zucker ein Püree herstellen und damit anrichten.

Von Luise Rommel,
Bad Grönenbach
Bild: Ulrike Finkenzeller

Johannisbeer-Mousse

Zutaten:
7 Blatt weiße Gelatine
500 g geputzte rote Johannisbeeren (frische oder tiefgekühlte)
80 bis 100 g Zucker
100 g Schmand
200 g Sahne

Sahne und Schokoraspel zum Dekorieren

Von Gaby Fleschutz,
Probstried
Bild: Sylvia Weixler

Die Gelatine in kaltem Wasser einweichen. Die Johannisbeeren mit dem Zucker in 100 ml Wasser etwa 10 Minuten kochen. Die Beeren mit dem Mixstab pürieren und anschließend durch ein feines Sieb streichen. Die Gelatine in dem noch heißen Püree auflösen. Die Masse kühl stellen. Wenn die Johannisbeermasse zu gelieren beginnt, den Schmand unterrühren. Die Sahne steif schlagen und vorsichtig unterheben. Die Mousse in eine große, dekorative Schale oder in kleine Portionsschälchen füllen und fest werden lassen, am Besten über Nacht. Zum Servieren Sahnetupfen auf die Johannisbeermousse spritzen und Schokoraspel darüber streuen.

Johannisbeer-Quark-Schichtspeise

Zutaten:
250 g Johannisbeeren
100 g Preiselbeermarmelade
250 g Quark
etwas Milch
1 EL Zitronensaft
Honig oder Zucker zum Süßen
50 g geriebene Schokolade
50 g geriebene Nüsse

Johannisbeeren mit der Marmelade mischen und in die Schüssel geben. Quark mit der Milch, dem Zitronensaft und dem Zucker oder Honig cremig rühren. Auf die Johannisbeeren geben. Vor dem Servieren, geriebene Nüsse und Schokolade mischen und auf dem Quark verteilen.

Von Regina Kimpfler,
Eisenharz

Johannisbeer-Schichtspeise

Zutaten:
200 g Johannisbeeren
100 g Himbeeren
100 g Puderzucker

Soße:
1/4 l Wasser
2 Eigelb
60 g Zucker
20 g Speisestärke
2 EL Weißwein
4 EL Sahne zum Garnieren

Johannisbeeren unter kaltem Wasser waschen, abtropfen lassen. Bis auf 4 Trauben mit der Gabel von den Rispen streifen. Himbeeren waschen, verlesen, trockentupfen. Beeren getrennt auf Teller legen. Zwei Drittel des Puderzuckers über die Johannisbeeren. Rest über die Himbeeren verteilen. Wasser mit Eigelb, Zucker, Speisestärke und Wein im Topf langsam zum Kochen bringen. Dabei immer schlagen. Kurz vor dem Aufkochen den Topf vom Herd nehmen. Soße abkühlen lassen. Hin und wieder umrühren dass sich keine Haut bildet. Johannisbeeren in 4 Dessertgläser verteilen. Himbeeren darüber schichten, als obere Schicht die Soße. Sahne steif schlagen. Mit Spritzbeutel jeweils Sahnerosette auf die Soße spritzen. Johannisbeergarnitur an den Glasrand setzen. Vorbereitung: 15 Minuten. Zubereitung ohne Abkühlung: 15 Minuten.

Ist sehr erfrischend in den Sommermonaten.

Von Rita Sieber,
Leutkirch

Johannisbeer-Stopfer

Zutaten:
1/2 l Milch
3 EL Mehl
1 EL Zucker
1 Tasse Johannisbeeren
(auch gefroren)

Alle am Tisch löffeln aus einer Pfanne!

Milch in einer Bratpfanne zum Kochen bringen. Unter Umrühren mit dem Schneebesen Mehl hinzugeben, bis ein sämiger Brei entsteht. Zucker nach Belieben dazugeben. Noch auf der Herdplatte stehen lassen bis der Brei auf dem Pfannenboden leicht hellbraun anbrennt. Dann die gezuckerten Johannisbeeren darüber streuen. Fertig.

Von Sieglinde Traut,
Leutkirch

Kaffeecreme

Zutaten:
5 Blatt Gelatine weiß
4 Eigelb
80 g Zucker
30 g Mokkaschokolade
1/4 l heiße Milch
1/8 l sehr starken, heißen
Kaffee
2 cl Kaffeelikör
1/4 l Sahne
4 EL geschlagene Sahne
zum Verzieren
etwas Kakaopulver

Gelatine in kaltem Wasser einweichen. Eigelb und Zucker cremig rühren. Die Schokolade in der heißen Milch schmelzen lassen und mit dem Kaffee und dem Likör unter die Eimasse ziehen. Über dem heißen Wasserbad cremig rühren. Gelatine ausdrücken und unter die heiße Creme ziehen. Die Creme in einer Schüssel mit Eiswasser unter Rühren erkalten lassen. Sahne steif schlagen und darunter heben. Die Creme in Tassen füllen und im Kühlschrank fest werden lassen. Mit je 1 EL der geschlagenen Sahne garnieren und mit etwas Kakao bestäubt servieren.

Von Roswitha Köhler,
Oberstaufen

Kaffeecreme Budapester Art

Zutaten:
1/2 l Sahne
80 g Puderzucker
1 Päckchen Vanillezucker
1 1/2 TL Instant-Kaffee-Pulver
1/2 Tasse entsteinte Sauerkirschen
2 Eier

Dazu passen Waffelröllchen oder feines Gebäck. Anstelle von Kaffee-Extrakt kann auch Kakaopulver, Eierlikör oder Apricot-Brandy-Likör verwendet werden.

Von Viktoria Leichtle, Unteregg
Bild: Alexandra Nigst

Sahne mit Puderzucker und Vanillezucker schlagen. Wasser erhitzen, Kaffeepulver in einer Mokkatasse verrühren. Abkühlen lassen. Unter die steif geschlagene Sahne tropfenweise einrühren bis sie sich hellbraun färbt. Kirschen abtropfen lassen, in 4 Kelchgläser füllen, kühl stellen. Eier trennen, Eiweiß steif schlagen. Eigelb unter die Sahne ziehen, danach den Eischnee unterheben. Masse auf den Kirschen verteilen. Bald servieren.

Kaiserschmarrn

Zutaten:
200 g Weizenmehl
1 Prise Salz
1/4 l Milch
4 Eigelb
40 g Butter
40 g Zucker
4 Eiweiß
50 g Rosinen
1 EL Rum
Öl zum Ausbacken

Dazu passt frisch püriertes Obst, Apfelmus, Kirschen oder Zwetschgenkompott.

Rosinen in Rum einweichen. Butter zerlassen. Eiweiß mit Zucker steif schlagen. Mehl, Salz und Milch glatt rühren, Eigelbe, zerlassene Butter und eingeweichte Rosinen dazugeben. Zum Schluss Eischnee unterheben. Teig ins heiße Fett gießen (etwa 1 cm hoch). Unterseite goldgelb backen, wenden, ebenfalls backen und mit Pfannenwender in Stücke zerreißen. Warm stellen. Solange wiederholen bis der Teig aufgebraucht ist. Zum Schluss mit Puderzucker bestäuben.

Von Irmgard Hohenegger, Siebnach

Kalter Hund

Zutaten:
300 g Kokosfett
2 Eier
300 g Puderzucker
120 Kakaopulver
4 EL Orangensaft oder Weinbrand
40 g ganze geschälte Mandeln
40 Butterkekse (etwa 225 g)
1 Päckchen Schokoladen- oder Haselnussglasur

Das Kokosfett zerlassen. Die Eier mit dem gesiebten Puderzucker und Kakao schaumig rühren. Das abgekühlte, aber noch flüssige Fett nach und nach darunter rühren. Mit Orangensaft oder Weinbrand und ca. 8 EL heißem Wasser glatt rühren. Eine Kastenform (25 cm Länge) mit Pergamentpapier auslegen. Die Mandeln auf dem Boden verteilen. 4 EL Schokoladenfett einfüllen und glatt streichen. Eine Schicht Kekse darauf legen und etwas andrücken. Dann immer abwechselnd 2 EL Schokofett auffüllen und wieder eine Schicht Kekse, so lange bis alles aufgebraucht ist. Kalt stellen bis alles durchgehärtet ist, dann stürzen. Die Glasur schmelzen und übergießen.

Von Ulrike Maier, Breitenbrunn

Karamelisierte Orangen-Äpfel

Zutaten:
3 EL Zucker
1 1/2 EL Zitronensaft
375 ml Orangensaft
3 Äpfel
1 Päckchen Vanillezucker
1 bis 2 EL Stärke

Den Zucker karamellisieren, mit Zitronen- und Orangensaft aufgießen. Die Äpfel in Scheiben geschnitten darin angaren, Vanillezucker zugeben, mit etwas Stärke binden. Heiß über das Vanilleeis geben.

Schmeckt sehr weihnachtlich!

Von Brigitte Brutscher,
Fischen
Bild: Anke Wirth

Kirschpfannkuchen vom Blech

Zutaten:
4 Eier
4 EL Zucker
200 ml Milch
100 g Mehl
2 EL Mineralwasser
350 g Kirschen entsteint
3 EL Mandelblättchen
150 ml Vanille-Eiscreme
1 EL Puderzucker
Backpapier

Von Silvia Jörg,
Waltenhofen
Bild: Evelyn D'Angelo

Ofen vorheizen: Elektroherd 200 Grad, Umluft 175 Grad. Backblechgröße 35 mal 40 cm. Mit Backpapier auslegen, sofort hineinschieben. Eier und 2 EL Zucker 4 bis 5 Minuten schaumig schlagen. Milch unter weiterem Schlagen zugießen. Mehl und Wasser esslöffelweise unterrühren. Backblech herausnehmen, Backpapier fetten, Teig darauf gießen. Kirschen gleichmäßig auf dem Teig verteilen. Im heißen Backofen etwa 12 Minuten backen. Mandeln in der Pfanne ohne Fett rösten. Pfannkuchen mit 2 EL Zucker bestreuen. Mit Hilfe des Backpapiers aufrollen, in Scheiben schneiden. Mit Eis anrichten. Mit Mandeln und Puderzucker bestreuen.

Kiwi-Orangen-Becher
mit Zitronenquarkcreme

Zutaten:
4 Kiwis
3 Orangen
50 g blättrige Mandeln
1 Päckchen Vanillinzucker
2 EL Zucker
2 EL Orangenlikör
300 g Sahnequark
1 Eigelb
3 TL frisch gepresster Zitronensaft
3 EL Zucker

Von Maria Seitz, Mindelheim

Kiwis schälen, längs halbieren und in Scheiben schneiden. Orangen mit einem großen Messer »bis aufs Fleisch« schälen und das Fruchtfleisch zwischen den Häuten herausschneiden, den Saft dabei auffangen, das Fruchtfleisch zu den Kiwis geben. Orangensaft, Mandeln, Vanillinzucker, Zucker und Orangenlikör vorsichtig vermengen und in 4 Stielgläser füllen. Sahnequark mit Eigelb, Zitronensaft und Zucker glatt rühren und auf die Fruchtbecher verteilen. Mit einigen in Butter gebräunten Mandelblättchen garnieren. Sofort servieren.

Knusperäpfel

Zutaten:
750 g klein geschnittene
Äpfel
1 EL Mehl
1 EL Zucker
1 TL Zimt
1 Prise Salz
1 EL Wasser
100 g Haferflocken
1 Prise Salz
40 g Margarine
4 EL brauner Zucker

Ganz lecker mit einer Kugel Eis.

Die klein geschnittenen Äpfel mit Mehl, Zucker, Zimt, Salz und Wasser mischen und in eine gefettete Auflaufform geben. Die Haferflocken mit Salz, Margarine und dem braunen Zucker verrühren. Auf die Apfelmischung streuen und 35 Minuten bei 190 Grad backen.

*Von Cornelia Kolb,
Röthenbach*

Kirsch-Quarkspeise

Zutaten:
1 kg Magerquark
1 Becher Sahne
3 EL Zucker
1 Gläschen Kirschschnaps
(für Kinder weglassen)
1 Glas Kirschen
oder 500 g frische
Kirschen
2 EL Schokoraspel
1 Päckchen Paradiescreme
Vanille
300 ml kalte Milch
1 EL Schokoraspel zum
Verzieren

*Geht schnell.
Nach Belieben auch
mit anderem Obst.*

Quark mit Sahne und Zucker schaumig rühren. Schnaps, Kirschen und Schokoraspel zugeben. Paradiescreme nach Packungsanleitung zubereiten und unter die Quarkmasse rühren. Schokoraspel als Dekor darüber streuen. Kalt stellen.

Von Christina Knittel,
Bernbeuren

Knuspermuffins

Zutaten:
2 Becher Cornflakes (80 g)
1 Becher Mehl (150 g)
2 1/2 TL Backpulver
2 Eier
1/2 Becher Zucker (100 g)
1 Päckchen Vanillezucker
1/2 Becher Öl (80 ml)
1 Becher Milch (200 ml)
Schokoguss

Muffinförmchen in Form auslegen. Cornflakes zerdrücken, mit Mehl, Backpulver, Zucker und Vanillezucker mischen. Eier, Öl und Milch mit Kochlöffel unterrühren. In die Förmchen füllen und bei 180 Grad 30 Minuten backen. Mit Schokoguss überziehen.

Gehen kinderleicht.

Von Nicole Schorer,
Unteregg
Bild: Claudia Kiechle

Kokosmousse

Zutaten für 6 Personen:
4 Blatt weiße Gelatine
300 g Kokosjoghurt
3 EL Puderzucker
abgeriebene Schale einer Limette
3 EL Limettensaft
6 EL Kokoslikör
2 EL Orangensaft
200 g Schlagsahne

Gelatine einweichen. Kokosjoghurt, Puderzucker, Limettenschale, Limettensaft und Kokoslikör verrühren. Orangensaft erwärmen, Gelatine auflösen und unter die Kokosmasse rühren. Sahne steif schlagen, unterheben und das Mousse kalt stellen.

Von Beate Berger,
Bad Wurzach

Kokospudding
mit Himbeersoße

Zutaten:
4 Blatt weiße Gelatine
1/4 l Milch
1 Prise Salz
5 EL Zucker
1 Päckchen Vanillezucker
200 g Kokosraspel
2 Becher Sahne
300 g Himbeeren
1/8 l Wasser
etwas Rum
3 EL Zucker
1 EL Speisestärke

Milch mit Salz, Zucker und Vanillezucker erhitzen. Die Kokosraspel einrühren. Die eingeweichte Gelatine in der heißen Flüssigkeit auflösen. Wenn die Masse zu stocken beginnt, die geschlagene Sahne unterheben. Für die Soße die Himbeeren mit dem Wasser und dem Zucker aufkochen, durch ein Sieb streichen und zu dem Kokospudding servieren.

Von Renate Mayer,
Sontheim

Lasagne-Becher mit Beeren

Zutaten:
500 ml Milch
3 EL Zucker
60 g Grieß
250 g rote Beeren (beispielsweise Himbeeren, Johannisbeeren)
Cornflakes
weiße Schokolade

Milch und Zucker aufkochen und Grieß einrühren. Bei geringer Hitze unter Rühren 10 Minuten quellen lassen. Brei sollte dünn sein. Beeren verlesen und abbrausen. Danach pürieren. Eventuell für Deko einige beiseite legen.
Den etwas abgekühlten Griesbrei abwechselnd mit dem Beerenpüree und den Cornflakes in hohe Dessertgläser schichten. Mit Beerenpüree abschließen. Schokolade reiben und Dessert damit bestreuen.

Von Gabi Karrer,
Leutkirch

Lebkuchen-Mascarpone-Creme mit Himbeeren

Zutaten:
250 g gefrorene Himbeeren
75 g Lebkuchen
1 1/2 EL Zitronensaft
2 Päckchen Vanillezucker
175 g Mascarpone
350 g Quark
100 ml Milch
100 g Zucker
1 Prise Zimt

Himbeeren auftauen lassen, Lebkuchen fein zerbröseln. Himbeeren mit Zitronensaft und Vanillezucker mischen. Für die Creme Mascarpone, Quark, Milch, Zucker und Zimt cremig rühren. 3/4 der Lebkuchenbrösel in 4 Dessertgläser verteilen. Himbeeren darüber und Creme darauf schichten. Mit den restlichen Bröseln verzieren.

Mit Kuchenbrösel anstatt Lebkuchenbrösel wird daraus ein leckeres Sommerdessert.

Von Veronika Sing,
Pfronten
Bild: Anke Wirth

Liebescreme

Zutaten:
250 g Himbeeren
(tiefgefroren)
350 g Schmand
50 g Zucker
25 g Zucker
2 Päckchen Vanillezucker
150 g Sahnejoghurt
3 EL Zitronensaft
200 g Schlagsahne

Himbeeren auftauen lassen. Schmand, Zucker und ein Päckchen Vanillezucker cremig schlagen. Joghurt und 3 EL Zitronensaft unterrühren. Sahne steif schlagen und unter die Schmandcreme heben. In eine große Schüssel füllen. Etwa 30 Minuten kalt stelllen. Himbeeren pürieren. Die Himbeeren, 25 g Zucker und ein Päckchen Vanillezucker verrühren. Dann gleichmäßig auf der Creme verteilen.

Von Beate Berger,
Bad Wurzach

Mandarinen-Quark

Zutaten:
6 Blatt weiße Gelatine
8 Mandarinen
(Clementinen)
500 g Sahnequark
abgeriebene Schale einer
Zitrone
2 bis 3 EL Zitronensaft
2 EL Orangenlikör
100 g Puderzucker
2 Becher Schlagsahne

Die Gelatineblätter kalt einweichen. Die Mandarinen schälen, dass die weiße Haut vollständig entfernt ist, anschließend in kleine Stücke schneiden. Quark, Zitronenschale, Zitronensaft und Puderzucker verrühren. Die Gelatine ausdrücken, in warmem Likör auflösen und unterrühren. Sobald die Creme zu gelieren beginnt, die Sahne und die Mandarinenstücke unterheben. Die Creme in Schalen füllen und eventuell mit gehackten Pistazien garnieren.

Von Gabriele Fleschutz,
Dietmannsried

Mandarinen-Quark-Creme

Zutaten:
500g Quark
3 EL Zucker
2 Becher Sahne
1 Dose Mandarinen

Die gekühlte Sahne steif schlagen. Den Quark und den Zucker in eine Schüssel geben und mit dem Mixer verrühren. Mandarinen abtropfen lassen, ein paar Mandarinenstücke zur Dekoration beiseite legen. Nun die Sahne und die restlichen Mandarinen mit dem Quark verrühren. Anschließend die Creme gleichmäßig in Dessertschalen verteilen und mit den Mandarinenstücken verzieren.

Von Petra Holzmann,
Steinbach

Mango-Tango

Zutaten:
4 Mangohälften
1/2 l Vollmilch
4 Kugeln Vanilleeis
4 EL geschlagene Sahne
2 TL gehackte Pistazien

Mangohälften schälen, mit der Vollmilch zusammen pürieren und durchmixen. In Longdrinkgläser geben, jeweils eine Kugel Eis dazugeben, 1 EL Sahne darauf setzen und mit Pistazien bestreuen. Mit Trinkhalm und Stiellöffel sofort zu Tisch geben.

Von Cornelia Fischer,
Immenhofen

Maracuja-Mousse
mit Obstsalat

Zutaten:
2 Blatt weiße Gelatine
100 ml Maracujasaft
1 bis 2 EL Zitronensaft
100 g Sahne
1 Eiweiß
1 EL Zucker
50 g Himbeeren (eventuell Tiefkühl-Himbeeren)
1/2 Mango oder Dosenmango
2 EL Vollmilchjoghurt
verschiedene frische Früchte und Beeren

Gelatine einweichen, Maracuja- und Zitronensaft erhitzen, ausgedrückte Gelatine darin auflösen. Abkühlen lassen. steif geschlagene Sahne unter den gelierenden Saft heben. Eiweiß steif schlagen, dabei Zucker einrieseln lassen, ebenfalls unterheben. Die Masse 1 bis 2 Stunden kalt stellen. Himbeeren und Mangofruchtfleisch getrennt pürieren und durch ein Sieb streichen. Joghurt glatt rühren. Von der Mousse mit einem Löffel Klößchen abstechen und auf Tellern anrichten. Joghurt und Früchtepüree nebeneinander auf die Teller geben. Mit Holzstäbchen Muster ziehen. Früchte und Beeren säubern, eventuell klein schneiden und daraus einen Obstsalat zubereiten und zur Mousse reichen.

Von Erika Rothfelder, Dirlewang

Mascarpone-Amaretti-Dessert

Zutaten:
500 g kernlose Weintrauben
50 bis 100 g Amaretti
1/8 l Weißwein
250 g Mascarpone
450 g Naturjoghurt
50 g Zucker
200 g Schlagsahne
etwas Kakaopulver
abgeriebene Schale und Saft von 1 Zitrone (unbehandelt)

Wenn der Nachtisch auch für Kinder gedacht ist, einfach den Weißwein weglassen und Apfelsaft nehmen.

Von Mina Guggenmos, Unterthingau

Weintrauben waschen, trockentupfen und halbieren. Ein Viertel der Weintrauben in eine große oder 6 kleine Schalen oder Gläser verteilen. Ebenso ein Viertel der Amaretti darüber schichten und mit etwas Weißwein beträufeln. Mascarpone mit Joghurt, Zucker, Zitronenschale und -saft verrühren, Sahne steif schlagen und unterheben. Einen Teil der Mascarponecreme über die Weintrauben und Amaretti geben, abwechselnd die restlichen Zutaten (einige Amaretti zum Garnieren zurückbehalten) weiter so einschichten, bis sie aufgebraucht sind, mit Mascarponecreme abschließen. Vor dem Servieren mit Kakao bestäuben.

Mascarpone-Creme
mit Himbeeren

Zutaten für 12 Personen:
750 g Himbeeren
250 g Löffelbiskuit
5 bis 6 EL Himbeergeist
1 kg Magerquark
500 g Mascarpone
150 g Zucker
1 Vanilleschote
1/8 l Milch
250 g Sahne
Raspelschokolade
Zitronenmelisse

Wenn es keine frischen Himbeeren gibt kann man auch gefrorene verwenden.

Von den Himbeeren etwa 15 Stück zum Verzieren beiseite legen. Biskuit mit Himbeergeist beträufeln und durchziehen lassen. Quark, Mascarpone, Zucker, Vanillemark und Milch verrühren. Sahne steif schlagen und unterheben. Biskuit, Himbeeren und Mascarponecreme abwechselnd in eine Schüssel schichten, kalt stellen. Vor dem Servieren mit Himbeeren, Raspelschokolade und Zitronenmelisse verzieren.

Von Brigitte Hipp-Weiß, Stötten

Mascarpone-Creme
mit Pfirsich

Zutaten:
1 Dose Pfirsiche
50 g Kuvertüre
350 g Mascarpone
1 Becher Vollmilchjoghurt
1 Päckchen Vanillezucker
2 EL Zucker
etwas Likör
1 Päckchen Orangenfrucht

Pfirsiche abtropfen lassen. Kuvertüre im Wasserbad schmelzen. Mascarpone mit dem Joghurt verrühren. Vanillezucker, Zucker, Likör und Orangenfrucht zufügen. Pfirsiche in Würfel schneiden und auf 4 Dessertgläser verteilen. Creme darauf geben. Kuvertüre als Fäden mit einem Pinsel über das Dessert ziehen. Mit einer ausgestochenen Apfelblume und einer Orangenspirale verzieren.

Apfelrose zur Verzierung: Hierfür wird die Apfelschale mit einem scharfen Messer etwa 1 cm breit spiralenförmig und möglichst dünn abgeschnitten. Schale aufrollen und zur Rose auseinander zupfen.

Von Helena Ziegler,
Buchloe

Mascarpone-Himbeer-Becher

Zutaten:
250 g Mascarpone
250 g Quark (20 Prozent Fett)
150 g Vollmilchjoghurt
1 Päckchen Vanillezucker
50 g Zucker
1 Becher Sahne
1 Flasche Himbeersoße (250 ml)
50 g Raspelschokolade
Dekoration:
125 g Himbeeren
8 Waffelröllchen

Mascarpone, Quark-Joghurt, Vanillezucker und Zucker verrühren. Sahne steif schlagen und unterheben. Creme in Dessertgläser geben und schichtweise mit der Himbeersoße einschichten. Zum Schluss mit frischen Himbeeren und den Waffelröllchen verzieren.

Von Manuela Güthler,
Erkheim

Mohn-Mousse

Zutaten:
5 Blatt Gelatine
400 ml Sahne
100 ml Milch
50 g gemahlener Mohn
(oder 1 Packung fertige
Mohnzubereitung)
100 g Zartbitter-Kuvertüre
3 Eier getrennt
4 EL Zucker
1 EL Vanillezucker

Bei Verwendung von fertiger Mohnzubereitung Zucker weglassen, wird sonst zu süß.

Gelatine in kaltem Wasser einweichen. Sahne mit Milch und dem Mohn aufkochen, von der Platte nehmen und Kuvertüre darin schmelzen lassen. Danach Gelatine in der heißen Mohnmasse auflösen. Abkühlen lassen bis es zu stocken beginnt. Eigelbe mit Zucker und Vanillezucker schaumig schlagen und Mohnmasse dann unter den Eischaum mischen. Danach den steif geschlagenen Eischnee unterheben und in Dessertschalen abfüllen. Nochmals mindestens 2 Stunden kalt stellen und dann verzieren.

Von Renate Rampp,
Nassenbeuren

Mokka-Quark-Speise

Zutaten:
500 g Magerquark
1/8 l Milch
75 g Zucker
30 g Kakaopulver
1 bis 2 TL Instantkaffee
Mokkaschokoladenbohnen

Den Quark, die Milch, den Zucker, Kakao und Instantkaffee in eine Schüssel geben. Mit einem Handmixer zu einer glatten Creme verrühren. Die Quarkspeise in Glasschälchen verteilen. Etwa 1 Stunde kühl stellen. Mit Mokkaschokoladenbohnen verzieren und servieren.

Anstelle von Mokkabohnen kann die Speise mit frischen Orangen- oder Mandarinenscheiben verziert werden.

Von Michaela Bisle,
Hausen
Bild: Evelyn D'Angelo

Mousse au chocolat

Zutaten:
150 g Zartbitter-
schokolade
2 Eigelb
1 Ei
1 EL Rum oder Cognac
1 Päckchen Vanillezucker
1 Eiweiß
1 EL Zucker
300 g steif geschlagene
Sahne

Als Beilage passt (Blut-)
Orangensoße oder
geschlagene Sahne

Schokolade in Stücke brechen, mit Eigelb und dem Ei im mäßig heißen Wasserbad unter beständigen Rühren mit dem Schneebesen schmelzen und zu homogener Masse rühren. Rum oder Cognac und Vanillezucker unterrühren. Sofort aus dem Wasserbad nehmen (wichtig!). Eiweiß steif schlagen, den Zucker einrieseln lassen und fest aufschlagen. Die warme Schokoladenmasse vorsichtig unter den Eischnee ziehen. Zum Schluss die Schlagsahne in mehreren Partien unterheben. In kalt ausgespülte Glasschale füllen und im Kühlschrank steif werden lassen.

Von Vroni Steinhauser,
Legau

Mousse au chocolat
auf Fruchtspiegel

Zutaten:
100 g Zartbitter-
schokolade
50 g Vollmilchschokolade
250 g Sahne
1 TL Vanillezucker
1 EL Raspelschokolade
1 Prise Zimt

Fruchtspiegel:
1/2 l Orangensaft oder
Orangennektar
1 EL Zucker
1/2 Päckchen Vanillepud-
dingpulver
Orangenscheiben

Sehr passend für das
Weihnachtsmenü.

Von Caroline Gehring,
Unterjoch

Schokolade in eine Edelstahlschüssel geben und im Wasserbad bei schwacher Hitze schmelzen. Zimmerwarme Sahne mit Vanillezucker sehr steif schlagen. Einen Teil der Sahne mit dem Handrührgerät unter die Schokolade rühren, den Rest vorsichtig unterheben, abkühlen lassen. Fruchtspiegel: Vanillepuddingpulver mit Zucker und etwas kaltem Orangensaft anrühren. Restlichen Saft zum Kochen bringen. Angerührtes Pulver einrühren und kurz aufkochen lassen. Soße auf 4 Teller verteilen, Spiegel bilden und abkühlen lassen. Mit einem Esslöffel Nocken aus der Mousse stechen. Auf dem Fruchtspiegel anrichten. Mit Raspelschokolade, Zimt und Orangenscheiben garnieren.

Müsli
mit Joghurt und Früchten

Zutaten:
1 kg Jogos (griechischer Joghurt)
150 ml Milch
80 g Zucker
1 bis 2 Bananen
1 Apfel
1 Birne
1 Kiwi
20 Trauben
50 g grob gehackte Walnüsse
50 g zarte Haferflocken

Man kann auch Obst aus der Dose nehmen.

Eignet sich auch als Frühstück für die ganze Familie.

Joghurt mit der Milch cremig rühren. Den Zucker untermischen. Das Obst schälen bzw. waschen und in mundgerechte Stücke schneiden (nicht zu groß und nicht zu klein). Die grob gehackten Walnüsse und die Haferflocken und das Obst mit der Joghurtmasse gut verrühren. Gegebenenfalls nachsüßen oder noch etwas Milch dazu wenn es zu dick geworden ist.

Von Elisabeth Räth,
Leutkirch

Natron-Küchle

Zutaten:
140 g Butter
180 g Zucker
4 Eier
1/4 l Milch
750 g Mehl
2 Messerspitzen
Backpulver
Salz

Aus allen Zutaten einen geschmeidigen Teig kneten. Etwas ruhen lassen. Ausrollen (1/2 cm) und mit Hilfe eines Glases und eines Fingerhutes Ringe ausstechen. Im heißen Fett schwimmend ausbacken.

Von Marianne Brey,
Memmingen

Nonnenfürzle

Zutaten:
125 g Mehl
50 g Butter
1/4 l Milch
1 Prise Salz
3 Eier
1 EL Zucker
1 Messerspitze Backpulver (mit etwas Mehl mischen)
Fett zum Ausbacken
Puderzucker zum Bestäuben

Brandteig herstellen. Milch mit Salz und Butter zum Kochen bringen. Nach kurzem Aufwallen wird das Mehl im Ganzen eingerührt und zwar so lange, bis der Teig sich vom Topf löst. Man nimmt ihn vom Feuer, gibt nun die Eier mit Zucker und Backpulver dazu und verrührt alles. Man formt mit einem kleinen Löffel walnussgroße Knödel (sie gehen noch auf), die im schwimmenden Fett goldgelb gebacken werden. Nach dem Abkühlen mit Puderzucker bestäuben.

Von Rita Wiedemann,
Breitenbrunn
und von Cilli Heckelsmiller,
Legau

Nussauflauf

Zutaten:
100 g Fett
100 g Zucker
1 Prise Salz
5 Eier getrennt
125 g gemahlene Haselnüsse
2 Päckchen Vanillezucker
300 ml Milch
250 g Mehl
2 EL Rum

Sehr lecker mit Vanillesoße.

Fett, Zucker, Vanillezucker und Salz schaumig rühren, Eigelbe nacheinander hinzufügen und gut verrühren. Nüsse, Mehl und Rum abwechselnd mit der Milch unterrühren. Zuletzt den sehr steifen, schnittfest geschlagenen Eischnee unterheben. Den Teig in eine gefettete Form füllen und bei 200 bis 220 Grad 45 bis 60 Minuten im unteren Bereich backen.

Von Brigitte Hotter, Görisried

Nussbuchteln
mit Glühweinweichseln

Zutaten:
Nussbuchteln:
300 g Mehl
60 g geröstete Haselnüsse (gerieben)
80 g Butter
80 g Zucker
20 g Hefe
180 ml Milch
1 Ei
2 cl Rum
geriebene Zitronenschale
Salz
Vanillezucker

Für die
Glühweinweichseln:
150 g eingelegte Weichseln
15 g Stärkemehl
1/4 l Rotwein
Zucker nach Geschmack
2 EL Mandeln
(in Stifte geschnitten)
1 Stange Zimt
einige Gewürznelken
Fruchtfleisch von 1 Orange
Saft von 1 Orange

Zuerst das Dampfl ansetzen: In der Hälfte der lauwarmen Milch Hefe auflösen, mit etwas Mehl zu einem weichen Dampfl verarbeiten. Oberfläche mit etwas Mehl bestäuben und an einem warmen Ort zugedeckt gehen lassen, bis die Oberfläche Risse bekommt. Mehl durchsieben und erwärmen (in das mäßig warme Backrohr stellen). Handwarme Butter mit Zucker, Salz, Vanillezucker, Rum und geriebener Zitronenschale schaumig rühren. Ei einrühren (nicht direkt aus dem Kühlschrank nehmen!). Ei-Butter-Masse mit Dampfl, Mehl, Haselnüssen und der restlichen Milch vermengen, gut durchschlagen, bis der Teig Blasen aufwirft und sich leicht vom Schüsselrand löst. Aufgehen lassen und wieder zusammenschlagen, nochmals gehen lassen. Buchteln ausstechen und in eine gebutterte Form legen. Nochmals gehen lassen und im Rohr bei 170 Grad Heißluft ca. 25 bis 30 Minuten backen. Gewürze (Zimt, Nelken) in ein großes Tee-Ei geben und in den Wein hängen, Orangenspalten dazugeben. Wein erhitzen, nach Geschmack zuckern und nur ganz kurz zum Kochen bringen. Stärkemehl im kalten Orangensaft anrühren und mit dem Schneebesen einrühren. Weichseln und Mandelstifte beigeben. Umrühren aber nicht mehr zu lange am Herd stehen lassen, da sich sonst die Weichseln zerkochen. Buchteln leicht anzuckern, mit Glühweinweichseln auf Tellern anrichten.

Schneller geht es mit fertigem Glühwein.

Von Ines Sommer,
Kirchheim

Obst- und Beerengelee

Zutaten:
350 bis 500 g verschiedenes Obst (Äpfel, Birnen, Kirschen, Erdbeeren, Brombeeren, Himbeeren, Mirabellen)
150 g Zucker
etwas Zitronensaft
500 ml Wasser oder Wein
1 Päckchen Götterspeise Zitronenaroma

Lässt es sich nicht stürzen, die Tasse kurze Zeit in heißes Wasser halten.

Das Obst mit Zucker und Zitronensaft in wenig Wasser weich kochen. Dann in Würfel schneiden und die Beeren roh dazugeben. Den Obstsaft mit Wasser oder Wein auf 500 ml ergänzen, wieder erhitzen, aber nicht kochen, und Götterspeisepulver hineinstreuen. So lange rühren, bis alles gelöst ist. Die Götterspeise dann kalt stellen. Wenn sie anfängt zu gelieren, die bunten Früchte unter das Gelee mischen. Es dann sofort in ausgespülte Tassen füllen und kalt stellen. Am nächsten Tag, wenn das Gelee erstarrt ist, vorsichtig vom Rand lösen und auf kleine Teller stürzen. Vanillesoße dazu reichen. Sehr kalt zu Tisch geben.

Von Helena Ziegler, Buchloe
Bild: Brigitte Weixler

Ofenschlupfer

Zutaten:
6 altbackene Semmeln
3/8 l Milch
80 g Zucker
1 Päckchen Vanillezucker
1/2 Päckchen Vanillepudding
4 Eier
500 g Äpfel
Zimt
Zucker
nach Belieben Rosinen

Wecken in dünne Scheiben schneiden. Milch, Zucker, Vanillezucker, Puddingpulver und Eier verrühren. Äpfel schälen und in dünne Scheiben hobeln. Eine gebutterte Auflaufform mit einer Schicht Brotscheiben auslegen. Eine Schicht Äpfel (eventuell mit Rosinen gemischt) mit etwas Zucker und Zimt bestreuen und wieder eine Lage Brotscheiben einschichten. Jede Lage Brotscheiben mit Eiermilch begießen, damit sie diese einsaugen kann. Abwechselnd Äpfel und Brot schichten (oberste Schicht Brot). Butterflöckchen auf die letzte Schicht geben und im vorgeheizten Backofen bei ca. 200 Grad 30 Minuten backen. Auflauf mit Puderzucker bestreuen und heiß servieren.

Von Sabine Feierle,
Liebenried

Omas Grießauflauf

Zutaten:
5 Eier getrennt
100 bis 125 g Zucker
250 g Grieß
Zitronenschale oder Vanillezucker
1 l Milch

Eigelb und Zucker schaumig rühren, Grieß und abgeriebene Zitronenschale oder Vanillezucker zugeben, zuletzt den steifen Eischnee unterheben. Die Masse in eine gut gefettete und gebröselte Auflaufform füllen, 30 Minuten bei Mittelhitze goldgelb backen. Mit der kochenden Milch übergießen und diese einziehen lassen. Sofort servieren, denn dann ist er schön saftig! Kompott dazu reichen.

Von Hildegard Rösch,
Köngetried

Orangen-Creme

Zutaten:
Fruchtfleisch von
2 Orangen
1/4 l Orangensaft
100 g Zucker
Schale einer 1/2 Orange
4 Blatt Gelatine
1/4 l Sahne

Das Fruchtfleisch von 2 Orangen mixen, zusammen mit dem Orangensaft, Zucker und der feingeriebenen Orangenschale verrühren. Gelatine einweichen, auflösen und unter die Orangenmasse rühren. 1/4 l Sahne steif schlagen und unter die angedickte Orangenmasse heben. Schmeckt sehr fruchtig.

Von Dorle Dorn,
Leutkirch

Orangen-Creme

Zutaten für 6 Personen:
2 Päckchen »Aranca
Mandarine – Aprikose«
400 ml frisch gepressten
Orangensaft
2 Becher Sahne

Orangensaft mit dem »Aranca«-Pulver cremig schlagen. Ca. 3 Minuten. Sahne steif schlagen und unterheben. Creme in Gläser oder Schalen füllen. Bis zum Verzehr in den Kühlschrank stellen. Mit Orangenscheiben verziert servieren.

Von Birgit Briechle,
Legau

Orangen-Creme

Zutaten:
4 Blatt Gelatine
1/8 l Weißwein
4 Eigelb
80 bis 100 g Zucker
Saft von 3 Orangen
1/8 l Schlagsahne

Diese Creme kann genauso gut als Zitronencreme hergestellt werden, hierfür muss nur anstelle von Orangensaft der Saft von 2 Zitronen verwendet werden.

Von Claudia Biechteler, Woringen

Gelatine in Wasser einweichen und in heißem Wein auflösen. Eigelb und Zucker schaumig rühren, Orangensaft zugeben. Aufgelöste Gelatine mit unterrühren. Sobald die Masse geliert, die steif geschlagene Sahne unterziehen. In Dessertschälchen einfüllen. Mit Sahne und Orangenscheiben garnieren.

Orangen-Minz-Creme

Zutaten:
100 g Pfefferminz-
schokolade
200 g Schlagsahne
125 g Quark
Saft von 2 Orangen oder
150 ml Orangensaft
4 Blatt Gelatine
etwas abgeriebene
Orangenschale
1 EL Zucker
1 Päckchen Vanillezucker
1 Päckchen Orangenzucker

Pfefferminzschokolade in Stückchen hacken. Sahne steif schlagen, Quark und Orangensaft verrühren. Gelatine und Zucker einrühren. Steif geschlagene Sahne und Pfefferminzschokolade (bis auf einen Esslöffel) unterheben. Creme in Dessertschale oder -schälchen füllen, mit übriger Pfefferminzschokolade bestreuen und 1 Stunde in den Kühlschrank stellen.

Von Gertrud Rist,
Weitnau

Orangen-Gelee

Zutaten:
1 Beutel Götterspeise
(Himbeergeschmack)
100 g Zucker
1/2 l Orangensaft oder
Apfelsaft
1 Orange

Eine Orange halbieren und aushöhlen. Einen Beutel Götterspeise und Zucker in einem Kochtopf mischen, dann mit Orangen- oder Apfelsaft verrühren. Unter Rühren erhitzen bis alles gelöst ist, aber nicht kochen. Orangenwürfel untermischen. Alles in Dessertgläser oder in eine ausgehöhlte Orange füllen. Über Nacht in den Kühlschrank stellen. Am nächsten Tag mit einem Sahnetuff verzieren.

Von Helena Ziegler,
Buchloe

Orangenlikör

Zutaten:
300 ml Sahne
200 ml Orangensaft
100 ml weißer Rum
50 g Puderzucker
1 Päckchen Vanillezucker

Sahne in einem hohen Becher mit Pürierstab schlagen, Puderzucker, Vanillezucker dazu, Orangensaft einlaufen lassen und kurz weitermixen. Zuletzt den Rum hineingeben und durchmixen.

Von Isolde Vilgis,
Steingaden

Orangen-Quark

Zutaten für 6 Personen:
8 Blatt Gelatine
1/4 l Orangensaft, frisch gepresst
1 Zitrone ausgepresst
500 g Magerquark
150 g Zucker

Gelatine in kaltem Wasser einweichen, abgießen und auf kleiner Flamme auflösen, den Saft zugießen. Quark mit Zucker verrühren und den Gelatine-Saft einrühren, kalt stellen. Sahne steif schlagen. Wenn die Creme zu gelieren beginnt die Sahne unterheben. Eine Schüssel mit Orangenscheiben auslegen und die Creme einfüllen, etwa 3 Stunden kalt stellen, dann auf eine Platte stürzen.

Von Elfriede Dorn, Lauben

Orangen-Tiramisu

Zutaten für 8 Personen:
2 EL gehackte Mandeln
75 g Löffelbiskuits
3 Orangen
500 g Mascarpone
250 g Magerquark
1 Fläschchen Butter-Vanille-Aroma
100 g Zucker
50 ml abgekühlter Kaffee
5 EL Zitronensaft
Amaretti Orangenschale und Kakao zum Verzieren

Von Gertraud Schneller

Mandeln in einer Pfanne ohne Fett rösten, herausnehmen. Die Löffelbiskuits zerkleinern. Beides mischen und auf Gläser verteilen. Orangen so schälen, dass die weiße Haut vollständig entfernt wird. Filets mit einem Messer zwischen den Trennhäuten herauslösen. Auf die Gläser verteilen. Saft aus den Trennhäuten der Orangen pressen. Mascarpone, Quark, Butter-Vanille-Aroma, Zucker, Kaffee, Zitronen- und 4 EL Orangensaft verrühren. Creme auf die Gläser verteilen. Tiramisu etwa 30 Minuten kalt stellen. Tiramisu mit Amaretti Orangenschale oder Kakao verzieren. Zubereitung: ca. 25 Minuten.

Palatschinkensackerl
mit Quarkfülle auf Nougatsoße

Zutaten:
Palatschinken:
110 g glattes Mehl
240 ml Milch
30 g Zucker
1 Prise Salz
3 EL Öl
3 Eier
33 g gehackte Pistazien

Fülle
150 g Erdbeeren
270 g Quark
100 g Biskottenbrösel
1 EL Vanillezucker
1,5 TL Zitronensaft
evtl. 1,5 TL frische gehackte Minze

Soße:
150 g Nougat
150 ml Milch

Mehl mit Milch, Zucker, Eier, Salz, Öl, Pistazien zu einem dünnen Palatschinkenteig verrühren. Aus diesem Teig dünne Palatschinken ausbacken. Die Erdbeeren in kleine Früchte schneiden. Quark dann mit Brösel, Minze, Früchten und Aromen vermischen. Danach die Palatschinken mit der Fülle füllen und zu einem Sackerl zusammenfassen. Diese dann mit einem Gummi verschließen. Auf ein vorbereitetes Blech setzen und dann bei 180 Grad etwa 20 Minuten lang backen. Danach kurz auskühlen lassen und erst dann den Gummiring aufschneiden und entfernen. Während der Backzeit Nougat in Stücke schneiden. Dann die Milch aufkochen lassen und Nougat darin auflösen. Bei milder Temperatur kurz köcheln lassen. Kurz abkühlen und dann mit den bezuckerten Sackerln anrichten.

Von Rosmarie Haller, Bregenz

Panna Cotta

Zutaten:
6 Blatt weiße Gelatine
1 Vanilleschote
500 g Schlagsahne
70 g Zucker

Gelatine in kaltem Wasser einweichen. Vanilleschote längs aufschneiden, das Mark herauskratzen und zur Sahne geben. Sahne und Zucker aufkochen, vom Herd nehmen und etwas auskühlen lassen. Gelatine ausdrücken, in die heiße Sahne geben, unter Rühren auflösen, Creme in die Förmchen oder Tassen füllen. Etwa 6 Stunden, am besten über Nacht, in den Kühlschrank stellen. Creme mit einem kleinen spitzen Messer vom Formrand lösen, kurz in heißes Wasser tauchen und auf Dessertteller stürzen. Mit Erdbeerpüree oder frischen Erdbeeren anrichten.

Von Rosi Reichenbach,
Untrasried

Panna Cotta mit Erdbeersoße

Zutaten für 6 Personen:
1/2 l Sahne
3/8 l Milch
1 1/2 Zimtstangen
1 Messerspitze Vanillepulver oder Mark einer Vanilleschote
3 EL Zucker
8 Blatt Gelatine
3 EL Orangenlikör
Soße:
750 g Erdbeeren
1 EL Puderzucker

Sahne mit Milch, Zimtstangen, Vanillepulver und Zucker aufkochen und 2 Minuten offen weiter köcheln lassen. Abkühlen lassen, durch ein Haarsieb gießen. Gelatine einweichen, ausdrücken und in der warmen Flüssigkeit auflösen. Orangenlikör unterrühren, in 6 Souffléförmchen füllen und im Kühlschrank fest werden lassen (mindestens 4 Stunden). Für die Soße die Erdbeeren waschen und putzen, die Hälfte davon pürieren und mit dem Puderzucker verrühren, die restlichen Beeren klein schneiden und unterheben. Die Creme aus den Förmchen stürzen und mit der Erdbeersoße servieren.

Von Rosemarie Breyer, Durach
Bild: Sabine Buchmann

Pfannkuchen beschwipst

Zutaten:
750 g Obst wie Kirschen, Zwetschgen, Birnen oder Äpfel

Für die Pfannkuchen:
250 g Mehl
Salz
3 Eier
1/2 l Milch
zum Ausbacken:
Backfett

Für den Karamell:
160g Zucker
1/4 l Wasser
Puderzucker zum Besieben
zum Flambieren: 80%igen »Stroh«-Rum

Die beschwipsten Pfannkuchen eignen sich hervorragend als Nachspeise, können aber auch als Hauptspeise angeboten werden.

Von Barbara Gaßner, Obergünzburg

Zubereitung: Pfannkuchenteig herstellen und dünne Pfannkuchen backen.
Anschließend Karamell herstellen: Zucker in Eisenpfanne trocken erhitzen, bis er goldbraune Farbe hat und zu schäumen beginnt, sofort mit Wasser ablöschen, leise kochen lassen, bis der Karamell gelöst ist, und etwas sämiger wird.
Obst vorbereiten:
Kirschen/Zwetschgen waschen, sehr gut abtropfen lassen, entsteinen; Äpfel / Birnen schälen, Kernhaus entfernen, in feine Scheibchen schneiden; nun die Pfannkuchen mit einer Obstsorte belegen, aufrollen und in einer Auflaufform aneinander schichten, mit Karamell übergießen und im Backofen bei 180 Grad 25 Minuten erhitzen. Zum Anrichten mit Puderzucker besieben, mit Rum leicht begießen und flambieren, bis der Puderzucker leicht zu karamellisieren beginnt.

Pfannkuchenstrudel
mit Quarkfüllung

Zutaten:
125 g Mehl
1 Prise Salz
250 ml Milch
1 bis 2 Eier
Füllung:
750 g Quark
40 g Butter
3 Eier
125 g Zucker
80 g Sultaninen
geriebene Zitronenschale
eventuell etwas Milch
oder Sahne
20 g Fett für die Form
250 ml Milch

Von Claudia Barnsteiner, Altdorf

Dünnen Pfannkuchenteig herstellen, Pfannkuchen mit wenig Fett goldgelb backen. Pfannkuchen mit Sahne bestreichen und mit abgeschmeckter Quarkfüllung gleichmäßig bedecken. Nach Belieben kann man auf die Quarkfüllung etwas Obst streuen. Pfannkuchen aufrollen, in gefettete Auflaufform legen und bei vorgeheizter Röhre bei Mittelhitze gut anbacken. Nach etwa 10 bis 15 Minuten kochende Milch darüber gießen und fertig backen. Die Backzeit beträgt bei 190 bis 200 Grad etwa 30 Minuten.

Pfirsichcreme
mit Mandelkeksen

Zutaten:
1 Ei
4 EL Zucker
250 g Magerquark
250 g Mascarpone
Saft von 1 Orange
Saft von 1/2 Zitrone
1 große Dose Pfirsiche
oder Aprikosen
100 g Amaretti-Kekse

Eigelb und einen Esslöffel Zucker mit dem Handrührgerät schaumig rühren. Danach Quark, Mascarpone sowie restlichen Zucker dazugeben und verrühren. Orangen- und Zitronensaft zur Creme geben und unterrühren. Pfirsiche in einem Sieb abgießen, den Saft auffangen und die Hälfte des Saftes zur Creme geben. Pfirsichhälften klein schneiden und 8 Pfirsichspalten zurücklegen. Ebenso 8 Amaretti-Kekse. Die restlichen Kekse zerbröseln (in Gefrierbeutel zerdrücken). klein geschnittene Pfirsiche und Keksbrösel zur Creme geben und mit dem steif geschlagenen Eiweiß unterheben. Kühl stellen und dekorieren.

Von Luise Rommel,
Bad Grönenbach
Bild: Ulrike Stetter

Pfirsichblätterteig

Zutaten:
3 Scheiben Blätterteig
6 Pfirsichhälften (aus der Dose)
Puderzucker

Blätterteig auftauen lassen und halbieren. Jedes Quadrat mit einer Pfirsichhälfte belegen und bei 200 Grad etwa 20 Minuten backen. Mit Puderzucker bestäuben.

Schmeckt auch ganz lecker mit angedickten Kirschen.

Von Christiane Laubheimer,
Reinstetten
Bild: Gerlinde Hörmann

Pfirsich-Quark-Schichtspeise

Zutaten:
1 Dose Pfirsich
500 g Magerquark
250 ml Pfirsich- oder Orangensaft
200 g Marzipanrohmasse
200 g Sahne
1 EL Zucker
125 g Zwieback
50 g Mandelblättchen
350 g Himbeeren

Pfirsiche abtropfen lassen und in Spalten schneiden. Marzipan zuerst gut verrühren, mit Quark, Orangensaft, Sahne und Zucker cremig rühren. Zwieback in einer Plastiktüte zerdrücken, Mandeln trocken rösten, abkühlen lassen. Anschließend einen Esslöffel beiseite legen und den Rest mit den Zwiebackbröseln mischen. Im Wechsel Bröselmix, Himbeeren, Pfirsichspalten und Quark einschichten. Mit Quark abschließen, mit restlichen Pfirsichen, Himbeeren und Mandeln garnieren. Am besten 1 bis 2 Stunden durchziehen lassen.

Von Marlies Dimmeler, Böhen

Diese Schichtspeise lässt sich mit anderen Beeren, Melonen oder Nektarinen variieren. Auch sind andere Dosenfrüchte wie Ananas oder Aprikosen geeignet. Statt Zwieback können auch Löffelbiskuits oder Amarettinis verwendet werden.

Quark-Creme
mit Sahnehaube

Zutaten:
500 g Sahnequark
150 bis 200 ml Sahne
oder Milch
etwas Zucker
Zitronensaft
300 g rote Grütze
125 g Baiser, Meringen

Sahnequark mit Sahne oder Milch, etwas Zucker und Zitronensaft glatt rühren. Baiser in kleine Stücke schneiden. Abwechselnd etwas Quarkcreme, rote Grütze und nochmals Quarkcreme in Dessertschalen füllen. Zum Schluss die Baiserstückchen oben draufgeben.

Baiser erst kurz vor dem Servieren drauflegen, werden sonst weich. Statt rote Grütze kann man auch Obstsalat nehmen.

Von Angelika Schleich,
Bidingen

Quark-Kirschauflauf

Zutaten:
500 g Quark
50 g Grieß
80 g Butter
80 g Zucker
3 Eigelb
250 g Kirschen
3 Eiweiß
20 g Fett

Butter schaumig rühren, Zucker löffelweise zufügen, Eigelb unterrühren. Wenn die Schaummasse locker ist, Grieß zugeben und Quark unterrühren. Eiweiß steif schlagen, unter die Masse heben. Die Hälfte des Teigs in eine gefettete Form geben. Kirschen darunter ziehen. Mit Butterflöckchen belegen und bei 180 Grad 60 bis 70 Minuten backen.

Anstatt Kirschen können auch Äpfel dafür verwendet werden.

Von Susanne Eggel,
Wertach
Bild: Gabi Striegl

Quark-Mascarpone-Creme

Zutaten:
500 g Magerquark
250 g Mascarpone
50 g Zucker
1 Päckchen Vanillezucker
100 g Amarettini
1 große Dose Pfirsiche
Saft von den Pfirsichen

Die Pfirsiche in Streifen schneiden. Quark mit Mascarpone, Zucker, Vanillezucker und dem Saft von den Pfirsichen verrühren. Nun wird die Hälfte der Creme auf 4 kleine Schüsselchen verteilt. Auf die Creme legt man nun die Amarettini und die Pfirsiche. Jetzt wird die restliche Creme auf die Pfirsiche verteilt. Das Ganze stellt man jetzt mindestens 3 Stunden kühl.

Von Stefanie Brack,
Bernbeuren
Bild: Ulrike Stetter

Sehr erfrischend für den Sommer.

Quark-Mousse
auf Himbeerspiegel

Zutaten:
2 Orangen
250 g Quark
1 bis 2 EL Honig
1 Zitrone
6 Blatt Gelatine
1 Becher Sahne

Spiegel:
300 g Himbeeren
1 EL Honig
1 EL Zitronensaft

Gelatine einweichen. Orangen heiß waschen und auspressen. Quark, Saft von Orangen und Honig gut miteinander verrühren. Aufgelöste Gelatine unterrühren und die Quarkmasse aussteifen lassen. Sahne steif schlagen und unter die leicht angesteifte Quarkmasse heben und steifen lassen. Für den Himbeerspiegel: Himbeeren pürieren, mit Honig und Zitronensaft abschmecken. Auf Teller gießen, eventuell noch etwas Zucker dazugeben. Von der Quarkmasse mit einem Esslöffel zwei bis drei Schollen abstechen und auf den Spiegel setzen.

Von Claudia Steindl,
Rötz

Quark-Pfirsich-Creme

Zutaten:
500 g Magerquark
1 Becher Sahne
1 große Dose Pfirsiche
1 Packung Schokokekse (Cookies)
Kakao zum Bestreuen
Zucker

Quark mit flüssiger Sahne und Zucker (nach Geschmack) verrühren. Schokokekse fein zerkrümeln, Pfirsiche in kleine Stücke schneiden (vorher abtropfen lassen). Quarkmasse in eine Schüssel geben (etwa ein Drittel), Krümelkekse einfüllen, Pfirsiche einschichten, mit dem Rest der Quarkmasse abschließen und mit Kakaopulver bestreuen.

Sieht sehr schön aus und kann gut einen Tag vorher vorbereitet werden.

Von Silvia Wagner,
Ronsberg

Quark-Reis-Auflauf

Zutaten:
1 l Milch
50 g Butter
1 Prise Salz
250 g Milchreis
4 Eier
Zitronenschale
250 g Quark
60 g Zucker
1 Vanillezucker

Milch, Butter und Salz zum Kochen bringen, Reis dazugeben und etwa 20 Minuten quellen lassen, ab und zu umrühren. Reismasse abkühlen lassen. Eier trennen, Eigelb, Zitronenschale, Quark, Zucker und Vanillezucker verrühren. Reismasse unterheben. Eiweiß steif schlagen und unterheben. Masse in eine gefettete Auflaufform füllen und Butterflocken darüber verteilen. Bei 175 Grad etwa 50 Minuten backen.

Von Anita Fischer,
Sontheim
Bild: Gabi Striegl

Quarkauflauf

Zutaten:
70 g Margarine
70 g Zucker
3 Eigelb
etwas Zitronenschale
500 g Quark
70 g Mehl
1 TL Backpulver
etwas Rosinen
3 Äpfel
3 Eiweiß

Margarine und Zucker verrühren, Eigelbe unterrühren, Zitronenschale und Quark dazurühren. Mehl mit Backpulver, klein geschnittenen Äpfeln und Rosinen unterheben. Eischnee unterziehen. In eine gefettete Auflaufform geben und etwa 45 Minuten bei 180 Grad backen.

Dazu gibt es eingemachtes Obst!

Von Rita Wiedemann,
Breitenbrunn

Quarkauflauf
mit Äpfeln

Zutaten:
80 g Rosinen
2 cl brauner Rum
800 g Äpfel
100 g Mandeln gemahlen
Für die Form:
weiche Butter
Zucker
Quarkmasse:
4 Eigelb
100 g Butter
Saft und abgeriebene
Schale von einer Zitrone
500 g Quark
20 g Mehl
30 g Stärkemehl
4 Eiweiß
100 g Zucker
Zum Bestreuen:
gehobelte Mandeln

Von Christa Hörburger,
Dietmannsried
Bild: Sylvia Weixler

Rosinen in Rum einweichen, Äpfel schälen und halbieren, Kernhaus entfernen, Rosinen mit Rum pürieren und mit den Mandeln mischen. Auflaufform buttern und die Apfelhälften einsetzen. Die Rosinen-Mandelmasse auf die Kernhausvertiefungen geben. Eigelb mit Butter, Zitronensaft und Schale schaumig rühren, Quark, Mehl und Stärke unterrühren, Eiweiß mit Zucker steif schlagen und unter die Quarkmasse ziehen. Quarkmasse auf den Äpfeln verteilen und mit Mandelblättchen bestreuen. Im heißen Backofen bei 180 Grad etwa 35 bis 40 Minuten backen.

Zu diesem Auflauf passt Himbeersoße besonders gut.

Quarkknödel mit Kompott

Von Monika Fluhr,
Bad Wurzach
Bild: Ulrike Finkenzeller

Den Quark, Zucker, Eier, Milch und Mutschelmehl gut verrühren. Den dicklichen Brei etwa 20 Minuten gut verrühren. Den dicklichen Brei etwa 20 Minuten quellen lassen. Es muss eine gut formbare Masse sein, um Knödel zu formen. Mit nassen kalten Händen schneeballgroße Kugeln formen und in die Mitte die Zwetschgen (eventuell halbe Zwetschgen) geben. So lange in den Handflächen walzen, bis der Knödel ganz geschlossen ist. In siedendes Wasser in einen gro-

Zutaten:
500 g Quark
200 g Zucker
3 Eier
250 ml Milch
200 g Mutschelmehl

Kompott:
1 bis 1 1/2 kg Zwetschgen
Zucker
Zimt
Honig

oder:
Apfelkompott oder Apfelmus

ßen Topf geben, dass die Knödel nebeneinander Platz haben. Ziehen lassen, bis alle hoch kommen. Mit einem flachen Sieblöffel entnehmen. Vorsichtig! Die Knödel sind sehr locker und empfindlich. Auf eine Platte mit Kompott geben und mit Zucker und Zimt bestreuen und servieren. Für das Kompott die Zwetschgen entsteinen und mit wenig Wein oder Wasser im Topf garen. Mit Zucker, Zimt und etwas Honig abschmecken und abkühlen lassen. Dieses Kompott kann im Herbst in Gläser gefüllt eingeweckt werden und ist dann immer schnell zur Hand.

Dieses Essen ist sehr leicht und somit auch als Schonkost geeignet. Auch Apfelkompott oder Apfelmus ist sehr fein dazu!

Quarkknödel
mit Sauerkirschen

Von Ines Sommer,
Kirchheim

Quark in ein Tuch geben, Flüssigkeit herauspressen, anschließend passieren. Sauerrahm, Grieß, Semmelbrösel, Vanillezucker, Eigelb, Ei, Salz und Rum gut miteinander verrühren und ca. 5 Minuten stehen lassen. Passierten Quark dazugeben, gut durchmischen. Die Masse ca. 20 Minuten ruhen lassen. Für die Fülle Kuvertüre über Wasserdampf schmelzen, Nüsse und Zimt unterrühren. Etwas abkühlen lassen, bis sich eine formbare Masse ergibt. Kleine Kugeln formen und diese in den Kühlschrank stellen oder tief-

Zutaten:
Quarkmasse:
300 g Quark
50 g Sauerrahm
50 g Grieß
2 EL Semmelbrösel
20 g Vanillezucker
1 Eigelb
1 Ei
Salz
Rum
150 g Kuchenbrösel (ersatzweise Weißbrotbrösel)
3 EL Butter
1 Messerspitze Zimt
1 TL Puderzucker

Für die Fülle:
100 g Kuvertüre
1 bis 2 EL gehackte Walnüsse
1 Prise Zimtpulver

Für die Soße:
1 Glas eingelegte Sauerkirschen (Weichseln)
Honig
Kartoffelmehl

frieren. In einer Pfanne Butter schmelzen, Brösel darin bräunen. Brösel mit Puderzucker und Zimt abschmecken. Aus der Quarkmasse etwa einen Esslöffel entnehmen. Ein Stück Schoko-Nusskugel hineindrücken und zu einem Knödel formen. Schoko-Quarkknödel in kochendes Salzwasser einlegen. Topf vom Herd nehmen und zugedeckt 10 bis 15 Minuten (je nach Größe) ziehen lassen. Eingelegte Sauerkirschen auf ein Sieb leeren. Den aufgefangenen Saft mit Honig aufkochen, mit etwas Kartoffelmehl binden und die Sauerkirschen darin einmal aufkochen. Knödel in Butterbröseln wenden und mit den Sauerkirschen auf Tellern anrichten.

Quark-Sauerkirschauflauf

Zutaten:
1 Glas Sauerkirschen
125 g Butter
125 g Zucker
4 Eigelb
750 g Magerquark
4 EL Grieß
abgeriebene Zitronenschale
4 Eiweiß
1 TL Backpulver

Für die Form:
20 g Butter
Semmelbrösel
einige Butterflöckchen

Von Rosmarie Brugger, Marktoberdorf

Sauerkirschen abtropfen lassen. Aus Butter, Zucker und Eigelb eine Schaummasse herstellen. Magerquark und Grieß zur Schaummasse geben. Abgeriebene Zitronenschale dazu geben und durchrühren. Eiweiß zu steifem Schnee schlagen und mit dem Backpulver unterheben. Die Hälfte der Auflaufmasse in die gefettete Auflaufform geben. Sauerkirschen einschichten, restliche Masse einfüllen, verstreichen. Mit Butterflöckchen belegen. Die Backzeit beträgt bei 180 bis 200 Grad etwa 40 bis 50 Minuten bei Ober- und Unterhitze. Aus dem Backofen nehmen und mit Puderzucker bestreuen. Servieren.

Reisberg

Zutaten:
1 l Milch
1 Prise Salz
60 g Zucker
20 g Butter
abgeriebene Zitronenschale
etwa 200 g Milchreis

Fülle:
aus 3 bis 4 Äpfeln Kompott herstellen
Johannisbeermarmelade
(oder Marmelade nach Geschmack)

Schaumüberzug:
2 Eiweiß (steif schlagen)
60 g Zucker (einrieseln lassen)

Milch mit den Geschmackszutaten zum Kochen bringen, den Milchreis zugeben und zugedeckt bei schwacher Hitze 30 bis 40 Minuten quellen lassen, dann etwas abkühlen. In eine feuerfeste Form abwechselnd Reisbrei, Äpfel, Johannisbeermarmelade einschichten, oben zum Schluss Reis. Dann den Schaumüberzug darauf streichen, mit Puderzucker besieben und bei Oberhitze kurz überbacken bis der Reisberg goldgelb ist.

Von Marianne Angerer,
Seeg

Reiskrapfen

Zutaten:
1/2 l Milch
Salz
2 TL Zucker
200 g Reis
2 Eischnee
(steif geschlagen)
10 g Hefe
50 g Mehl
40 g Zucker
Zitronenschale
100 g gehackte
Haselnüsse
50 g Rosinen
Frittierfett

Milchreis kochen, abkühlen lassen. Eischnee unterheben, Zitronenschale dazu. Hefe mit etwas Wasser und Zucker verrühren, alle Zutaten zum Milchreis geben und vorsichtig verrühren. Mit einem Esslöffel Krapfen abstechen und 3 bis 5 Minuten frittieren. In Zucker wälzen. Eventuell mit Weinschaum oder Fruchtsoße servieren.

Schmecken ganz frisch am Besten.

Von Gertraud Schorer,
Unteregg

Rhabarber-Erdbeer-Grütze

Zutaten:
400 g Rhabarber
1 Stange Zimt
4 EL Zucker
1 Beutel rote Grütze
500 g Erdbeeren
300 ml Milch
1 Päckchen Vanille-Paradiescreme
50 ml Eierlikör

Kann auch mit gefrorenem Rhabarber und Erdbeeren gemacht werden.

Rhabarber waschen, schälen und in 2 cm Stücke schneiden. Mit etwas Wasser, dem Zucker und der Zimtstange aufkochen und 5 Minuten ziehen lassen. Grützepulver mit 4 EL Wasser anrühren, zum Rhabarber geben und einmal aufkochen. Erdbeeren waschen, putzen und vierteln. Unter den Rhabarber geben und abkühlen lassen. Paradies-Creme nach Anweisung zubereiten und den Eierlikör unterrühren. Die Rhabarber-Grütze in Dessertgläser füllen. Die Paradies-Creme darüber geben. Schmeckt auch gut mit Vanilleeis.

Von Leni Fimpel,
Leutkirch

Rhabarber-Mascarpone-Creme

Zutaten:
8 Blatt weiße Gelatine
500 g Rhabarber
300 g Erdbeeren
125 g Zucker
1/2 TL Zimt
3 EL Orangensaft
1 Messerspitze abgeriebene Orangenschale
1 Vanilleschote
500 g Mascarpone
250 g Magerquark
100 ml Milch
3 EL Orangensaft
Erdbeeren zum Garnieren

Schüssel kurz in heißes Wasser tauchen und das Dessert auf eine Platte stürzen. Mit dem restlichen Kompott und Erdbeeren anrichten.

Gelatine einweichen, den Rhabarber waschen, putzen und in sehr feine Stücke schneiden. Rhabarber, Erdbeeren, 75 g Zucker, Zimt, Orangensaft und Orangenschale aufkochen. Zugedeckt bei schwacher Hitze garen, bis der Rhabarber zerfällt. 4 Blatt Gelatine ausdrücken und mit der Hälfte des heißen Kompotts verrühren und kalt stellen. Die Vanilleschote längs aufschneiden und das Mark herauskratzen. Vanillemark, Mascarpone, Quark, den restlichen Zucker und Milch glatt rühren. Übrige Gelatine ausdrücken, auflösen und unter die Creme rühren. Die Hälfte der Creme in eine Schüssel (ca. 1,5 l Inhalt) geben, gelierendes Kompott darauf verteilen und mit der restlichen Creme bedecken. Die Schichten mit einer Gabel durchziehen und über Nacht kalt stellen.

Von Josefine Holzheu, Untrasried

Rhabarbermousse
auf Himbeerspiegel

Zutaten:
1 kg Rhabarber
1/8 l Weißwein
1/8 l Orangensaft
150 g Zucker
1/2 TL Zimt
1 Päckchen Vanillezucker
100 g Naturjoghurt
1/2 l Sahne
6 Blatt Gelatine
300 g Himbeeren

Schmeckt erfrischend und lecker.

Rhabarber putzen, waschen, in Stücke schneiden. Mit Wein, Orangensaft, Zucker und Zimt zum Kochen bringen. Den gekochten Rhabarber mit dem Mixer pürieren. Joghurt und Vanillezucker zugeben. Gelatine auflösen und unter Rühren in die noch warme Masse geben. Sahne steif schlagen. Wenn die Masse zu gelieren beginnt die Sahne unterheben, mehrere Stunden kalt stellen. Die Himbeeren aufkochen, etwas Zucker zugeben und mit dem Mixer pürieren. Ein paar Beeren zum Garnieren übrig lassen. Himbeersoße auf den Tellern verteilen, Nocken mit einem Esslöffel aus der Mousse abstechen und auf die Himbeersoße setzen. Mit Beeren garnieren und mit Puderzucker bestäuben. Nach Belieben ein Schokoladenherz oder Waffelröllchen in die Mitte setzen.

Von Elisabeth Dorn, Ermengerst

Ringlottenknödel

Zutaten:
40 g Butter
125 g abgetropften Quark
2 Eigelb
1 Prise Salz
250 g Mehl
125 g Sauerrahm

Füllung:
500 g Ringlotten
Würfelzucker

Gekochte Knödel lassen sich gut einfrieren. Zum Auftauen Knödel in kaltes Wasser setzen und erhitzen oder in der Mikrowelle erwärmen. Dann mit Butterbrösel und Zimtzucker bestreuen.

Butter schaumig rühren, restliche Zutaten zugeben und zu einem glatten Teig verarbeiten. 30 Minuten ruhen lassen. Ringlotten entsteinen und jeweils mit einem Stück Würfelzucker füllen. Quarkteig zu einer Rolle formen, Scheiben abschneiden und flach drücken. Mit je einer Ringlotte belegen, den Teig darüber schlagen und zu runden Knödeln formen. Salzwasser zum Kochen bringen, Knödel einlegen und kurz aufkochen. Deckel halb auflegen und 10 Minuten ziehen lassen. Mit Schaumlöffel herausnehmen, abtropfen lassen. 80 g Butter erhitzen, 6 EL Semmelbrösel goldbraun rösten, die Knödel darin wälzen und mit Zimtzucker bestreuen.

Von Christine Bischof, Buxheim

Rohrnudeln

Zutaten:
500 g Mehl
20 g Butter
1/4 l Milch
1 Prise Salz
25 g Hefe
2 EL Zucker
1 Ei

Von Maria Rehklau, Rummeltshausen
Bild: Sonja Stegmann

Zunächst einen Vorteig machen: Die Hefe in etwas lauwarmer Milch lösen, das Mehl in eine Schüssel geben, mit etwas Mehl verrühren und gehen lassen. Nach gut 10 Minuten das Ei, die restliche lauwarme Milch, die weiche Butter, Salz und Zucker zugeben und alles zusammenmengen, bis der Teig sich von der Schüssel löst und Blasen wirft. Mit einem Tuch zudecken, warm stellen und gehen lassen. Dann Rohrnudeln formen und auf ein bemehltes Holzbrett setzen, erneut mit einem Tuch zudecken und ca. 20 Minuten gehen lassen.

In einer Pfanne oder einer Auflaufform 1 Tasse Milch, ca. 40 g Butter, 2 Päckchen Vanillezucker oder normalen Zucker geben, alles zusammen gut erhitzen, dann die Nudeln nebeneinander einsetzen und mit dem Deckel verschließen. Im vorgeheizten Backofen bei 180 Grad ca. 45 Minuten backen. Nach der Hälfte der Backzeit den Deckel abnehmen, damit die Rohrnudeln eine schöne Farbe bekommen.

Mit Vanillesoße oder Kompott servieren.

RoRa-Obstsalat

Zutaten:
2 Orangen
1 Dose Ananas
2 Mandarinen
2 Bananen
300 ml Sahne
2 bis 3 TL Kaba
(kein Kakao)
1/2 TL Zimt

Obst schälen und in Würfel klein schneiden. Sahne schlagen bis sie leicht fest wird. Kaba und Zimt unterrühren. Früchte dazumischen. Fertig ist der etwas andere Obstsalat. Schmeckt sahnig, fruchtig und noch mehr. Geht schnell und sollte aber gleich verzehrt werden.

Geht schnell. Früchte nach Geschmack mengenmäßig variieren.

Von Beate Hiltensberger, Stötten

Rote Grütze

Zutaten:
1 l Fruchtsaft
80 bis 100 g Sago (im Reformhaus erhältlich)
1 kg gemischte Früchte (Johannisbeeren, Himbeeren, Brombeeren, Kirschen)
1 bis 2 Bananen (etwas mit Zitrone beträufeln)
Honig, je nach Geschmack

Fruchtsaft aufkochen, Sago einrühren und etwa 20 Minuten köcheln lassen und immer umrühren, bis er sich fast aufgelöst hat. Früchte zufügen und nochmals aufkochen lassen, mit Honig abschmecken. Fertig!

Schmeckt im Sommer herrlich zu Eis, Joghurt oder Sahne.

Von Sylvia Müller,
Helchenried

Rote Grütze mit Zimtsoße

Zutaten:
500 g gemischte Beeren (tiefgekühlt oder frische Ware)
100 bis 150 g Zucker (je nach Säure der Beeren)
1/4 l Wasser
30 g Speisestärke

Zimtsoße:
25 g Zucker
1/2 TL Zimt
1/8 l Milch
1/8 l Sahne
1 Prise Salz
2 Eigelb

Die Früchte mit Zucker und mit 1/8 l Wasser weich kochen. Restliches Wasser mit 30 g Speisestärke glatt rühren. In die heißen Früchte einrühren und aufkochen lassen. In 4 Schüsselchen abfüllen. Kalt stellen. Für die Zimtsoße 2 Eigelb mit 3 EL der Milch-Sahne-Mischung verrühren, restliche Mischung mit Zucker, Zimt und Salz aufkochen. Das verquirlte Eigelb einrühren, bei mäßiger Hitze rühren, bis die Soße dicklich wird. Nach dem Abkühlen auf die rote Grütze geben.

Von Martina Eisenschmid,
Kirchheim

Rotweinpflaumen

Zutaten:
1 kg Zwetschgen
500 g Gelierzucker
1 l Rotwein
2 Vanillezucker

Zwetschgen vierteln und mit Gelierzucker, Rotwein, Vanillezucker und Zimt 4 Minuten aufkochen. Dann in Schraubgläser abfüllen.

Schmeckt prima zu Pudding oder Eis.

Von Martha Lochbihler,
Bad Grönenbach
Bild: Sandra Walk

Rotweinzwetschgen

Zutaten:
1,5 kg Zwetschgen
500 g Zucker
750 ml Rotwein
1 TL Gewürznelken
5 Zimtstangen

Zwetschgen entsteinen und mit Zucker mischen. Wein und Geschmackszutaten zugeben und unter Rühren erhitzen. Nicht kochen! Am nächsten Tag nochmals erhitzen, in Gläser füllen und sofort verschließen.

Von Rita Wiedemann,
Hohenschlau

Ruck-Zuck-Nachspeise

Zutaten:
450 ml Milch
1 Päckchen Paradiescreme
(Vanille oder Banane)
500 g Quark
50 g Zucker
Obst nach Jahreszeit
(Äpfel, Mandarinen, Bananen, Orangen)
etwas Zitronensaft

Die Paradiescreme mit der Milch 3 Minuten mit dem Handrührgerät cremig aufschlagen. Jetzt Zucker und Quark hinzufügen und zum Schluss das klein geschnittene Obst und den Zitronensaft unterheben.

Geht einfach, schnell und schmeckt gut.

Von Monika Steinhauser,
Legau

Rumäpfel

Zutaten:
1 EL Butter
4 säuerliche Äpfel
5 EL Rum
2 EL Zucker
Zimt
Nelkenpulver
1 EL Zitronensaft
1/4 l süße Sahne

Äpfel schälen, vierteln, entkernen. Rum, Zucker, Zimt, Nelkenpulver und Zitronensaft verrühren. Süße Sahne schlagen. Butter schmelzen, Äpfel darin etwa 2 bis 3 Minuten dünsten. In Dessertgläser füllen. Mit Rumsoße beträufeln und mit süßer Sahne servieren.

Von Roswitha Köhler,
Oberstaufen

Rumtopf

Zutaten:
Obst nach Wahl (beispielsweise Erdbeeren, Kirschen, Johannisbeeren, Blaubeeren, Himbeeren, Trauben, Brombeeren, Mirabellen, Pflaumen)
je 500 g Obst
250 g Zucker
Rum

Gewünschtes Obst waschen und in einen Steinguttopf schichten. Die Hälfte des Obstgewichtes in Zucker beigeben. Schließlich mit Rum begießen bis das Obst fingerbreit bedeckt ist. Gut verschließen und den Topf an ein kühles Plätzchen stellen.

Niemals umrühren, der Rumtopf braucht Ruhe. Zwischen den Fruchteinlagen höchstens mal nachschauen ob das Obst noch gut bedeckt ist. passt ideal zur Winterzeit! Zu Eis oder zu Cremes reichen!

Von Margit Krug, Ottobeuren

Schokoladen-Semmelauflauf

Zutaten:
70 g Butter
4 Eier getrennt
100 g Zucker
70 g geriebene Schokolade (Zartbitter oder Vollmilch)
6 alte Semmeln
250 ml Milch
Butter zum Ausstreichen der Form

Semmel in kalter Milch einweichen, bis sie durchtränkt sind. Dann gut ausdrücken. Butter schaumig rühren. Eigelb und Zucker einige Zeit mitrühren. Die übrigen Zutaten beigeben und unterrühren. Zuletzt den steif geschlagenen Eischnee unterziehen. Die Masse in eine gebutterte Auflaufform geben und mit Deckel etwa 30 Minuten bei mäßiger Hitze (180 Grad) backen. Danach mit Puderzucker bestäuben. Dazu reicht man Vanillesoße.

Von Juliana Negele,
Ottobeuren

Schokoladenmus
mit Bananensalat und glasierten Pfirsichen

Zutaten:
Mus:
85 g dunkle Kuvertüre
1 Ei
1 EL Zucker
150 ml Sahne

Bananensalat:
1 Banane
Zitronensaft

Glasierte Pfirsiche:
1 Pfirsich
1 EL Zucker

Es kann auch ein Pfirsich aus der Dose sein.

Die Kuvertüre klein schneiden und im Wasserbad auflösen. Ei und Zucker im Wasserbad zur Creme aufschlagen und kalt schlagen. Die flüssige Kuvertüre unter die Eimasse mischen. Zum Schluss die geschlagene Sahne unterheben. In ein flaches Gefäß geben und mindestens 2 Stunden kalt stellen. Den Pfirsich in Würfel schneiden,
1 EL Zucker in einer Pfanne erhitzen und die Pfirsichwürfel darin schwenken, abkühlen lassen. Die Banane in schräge Scheiben schneiden und mit Zitronensaft marinieren. Vom Schokoladenmus mit einem Löffel Nocken abstechen und mit Pfirsich und Bananen anrichten.

Von Resi Jutz,
Untrasried

Sahne-Reis mit Vanille

Zutaten:
1 Vanilleschote
1 l Milch
200 g Milchreis
75 g Zucker
4 Blatt Gelatine
1/4 l Sahne

Vanilleschote aufschneiden. Inneres direkt über der Milch auskratzen, aufkochen, Reis hineingeben und etwa 30 Minuten garen, Zucker unterrühren. Gelatine einweichen, ausdrücken und unter den heißen Reis rühren und abkühlen lassen. Sahne steif schlagen und unter den Reis heben, kühl stellen. Wenn gewünscht, in kleine Förmchen und auf Portionsteller stürzen. Förmchen einfetten und Reis einfüllen, kühlen und fest werden lassen . Vor dem Servieren Förmchen kurz in heißes Wasser stellen und stürzen. Für die Fruchtsoße 1/4 l selbst eingemachten Kirschsaft mit 2 EL Zucker und 1 EL Speisestärke unter Rühren aufkochen, erkalten lassen. Mit 1 EL Zitronensaft würzen.

Von Gertrud Endres,
Kronburg
Bild: Sandra Walk

Sahnequarkcreme
»Schwarzwälder Art«

Zutaten:
375 g Magerquark
60 bis 80 g Puderzucker
1 Päckchen Vanillezucker
2 bis 3 EL Kakaopulver
oder Kaba
1/2 Becher Sahne
1 Glas Sauerkirschen
1/2 Becher Sahne
Schokoraspel
Kirschen

Magerquark, Puderzucker und Vanillezucker gut vermischen, Kakaopulver zugeben, ebenfalls unterrühren. Sahne steif schlagen und unterheben, Sauerkirschen in Schälchen verteilen und Quarkcreme über die Kirschen geben. Sahne zum Verzieren steif schlagen und dann die Quarkcreme damit verzieren. Am Schluss mit Schokoraspeln und Kirschen dekorieren. Kühl stellen.

Von Anneliese Redler,
Bolsterlang
Bild: Sabine Bitter

Sahnewaffeln

Zutaten:
125 g Butter
85 g Zucker
Vanillezucker
Schale einer 1/2 Zitrone
4 Eier
250 g Mehl
250 ml Sahne
175 ml Milch

Butter sehr schaumig rühren. Den Zucker, den Vanillezucker, die Zitronenschale und die Eier hinzufügen. Auf höchster Stufe schlagen bis die Masse cremig und hell ist. Das Mehl mit dem Löffel abwechselnd mit der Sahne und der Milch unterheben. Das Waffeleisen einschalten und erhitzen. Nacheinander die Waffeln in einigen Minuten knusprig, goldgelb backen. Die Waffeln heiß mit Puderzucker bestäuben.

Damit die Waffeln schön knusprig werden, bitte nur bei mittlerer Temperatur backen.

Von Barbara Ellenrieder, Kirchheim
Bild: Brigitte Weixler

Sandwaffeln

Zutaten:
175 g Kokosfett
175 g Zucker
1 Päckchen Vanillezucker
3 bis 4 Eier
200 g Mehl
50 g Stärke
2 TL Backpulver
1 EL Rum
1/2 Fläschchen Rumaroma

Vanilleeis oder Schokopudding passen sehr gut dazu.

Kokosfett zerlassen, auskühlen lassen. Zucker und Vanillezucker mischen. Fett, Eier und Zucker schaumig rühren. Rum zugeben. Mehl mit Stärke und Backpulver mischen. Unterheben. Im Waffeleisen auf Stufe 3 etwa 4 Minuten goldbraun backen. Geht sehr schnell. Waffeln werden sehr knusprig.

Von Angelika Leichtle,
Unteregg

Sauerkirschen-Schnecken

Zutaten:
300 g Mehl
1/2 Päckchen Backpulver
140 g Zucker
1 Päckchen Vanillezucker
400 g Magerquark
6 EL Sonnenblumenöl
6 EL Milch
1 Packung Vanillesoßenpulver (zum Kochen)
2 TL geriebene Orangenschale
500 g abgetropfte Sauerkirschen aus dem Glas
30 g zerlassene Butter

Von Gabi Veit, Legau
Bild: Alexandra Nigst

Mehl und Backpulver in eine Schüssel sieben. 50 g Zucker und Vanillezucker dazugeben und mischen. 150 g Quark, Öl und Milch dazugeben. Alles mit dem Knethaken zu einem glatten Teig verarbeiten. Auf eine leicht bemehlte Fläche zu einem Rechteck von 60 mal 40 cm ausrollen. 250 g Quark, Vanillesoßenpulver, Orangenschale und 50 g Zucker verrühren und auf den Teig streichen. Dabei an den Enden einen Rand von 3 cm lassen. Kirschen auf die Quarkschicht streuen. Den Teig von der Längsseite her aufrollen. Die Naht gut festdrücken und auf die Unterseite rollen. Mit einem scharfen Messer die Rolle in 10 bis 12 Stücke schneiden und auf ein gefettetes und bemehltes Blech geben. Die Oberseiten der Schnecken dünn mit zerlassener Butter bestreichen und mit restlichem Zucker bestreuen. Im vorgeheizten Backofen bei 190 Grad (Umluft 170 Grad) auf zweiter Schiene von unten 30 bis 35 Minuten backen. Auf dem Blech auskühlen lassen.

Scheiterhaufen

Zutaten:
10 bis 12 alte Semmeln
1 l Milch
1 bis 2 Eier
feingeriebene Zitronenschale
Zucker nach Geschmack
40 g Butter
4 bis 5 Äpfel oder Kompott ohne Flüssigkeit
Puderzucker oder Zimt-Zucker

Von Silvia Jörg,
Leutenhofen

Semmeln aufschneiden, Eier, Milch, Zitronenschale und Zucker vermischen, über die Semmeln gießen. Auflaufform ausfetten, Äpfel schälen, Kernhaus entfernen und klein schneiden. Semmeln und Äpfel schichtweise in die Auflaufform geben, auf die oberste Schicht Semmeln Butterflocken geben. Eiermilchrest darüber geben und bei 175 Grad für 30 Minuten ins Backrohr geben. Vor dem Servieren mit Puderzucker oder Zimtzucker bestreuen.

Schlummeräpfel

Zutaten:
150 g Haferflocken
8 EL Milch
Marmelade
Rum oder Zitronensaft
150 g Butter
150 g Zucker
1 Prise Salz
2 Eier
250 g Quark
1 Messerspitze Backpulver

Haferflocken in der Milch einweichen. Auflaufform einfetten, Äpfel schälen, entkernen und mit Rum oder Zitronensaft beträufeln. In die Auflaufform setzen und das entkernte Loch mit Marmelade füllen. Butter, Zucker und Eigelb schaumig rühren. Salz, Quark und Backpulver sowie Haferflockenmasse unterrühren. Eiweiß steif schlagen und unter die Masse heben. Die Masse über die Äpfel gießen und bei 200 Grad etwa 40 Minuten backen. Dazu passt sehr gut eine Vanillesoße.

Von Rosi Baumann-Schuler,
Kißlegg

Schneebälle

Zutaten:
7 Eier (Größe M)
1 Prise Salz
2 Päckchen Vanillezucker
200 g und 50 g Zucker
200 g Mehl
1/2 TL Backpulver
250 g Magerquark
150 g Crème fraîche
1/8 l Amaretto
400 g Sahne
2 Päckchen Sahnesteif
150 g Kokosraspel

Die Schneebälle schmecken am besten gut gekühlt!

Eier mit 5 EL Wasser schaumig schlagen, ein Päckchen Vanillezucker und 200 g Zucker einrieseln und cremig schlagen. Mehl und Backpulver mischen und unterheben. Teig auf ein mit Backpapier ausgelegtes Backblech streichen. Im vorgeheizten Backofen (Elektroherd: 175 Grad) 25 bis 30 Minuten backen. Backpapier abziehen. Biskuit auskühlen lassen. Quark, Crème fraîche, Amaretto-Likör, 50 g Zucker und ein Päckchen Vanillinzucker in einer großen Schüssel glatt rühren. Sahne mit Sahnefestiger steif schlagen und unter die Quark-Masse ziehen. Die Biskuitplatte mit den Händen in kleine Stücke zupfen und zur Amaretto-Quark-Creme geben. Gleichmäßig unterheben und vermischen. Aus der Masse mit den Händen etwa 18 Bälle formen und in Kokosraspeln wenden. Auf einen Teller legen und mit Kakao und Früchten verzieren.

Von Christine Lederle, Unterthingau

Schneller Nachtisch

Zutaten:
1 Päckchen Vanillepudding
1 Päckchen Butterkekse
2 Bananen oder Obst der Saison oder Mandarinen aus der Dose
250 ml Sahne
Krokant

Pudding nach Anweisung kochen, abwechselnd Pudding und Butterkekse in eine kleine Dessert-Schale füllen. erkalten lassen. Obst darauf verteilen und mit steif geschlagener Sahne und Krokant verzieren.

Kann genauso gut mit Schokopudding zubereitet werden.

Von Christina Wenger,
Unterroth

Schokoladenmousse schnell

Zutaten:
200 g Kuvertüre (keine Weiße)
400 g Sahne
500 g gefrorene Erdbeeren, Himbeeren oder gemischte Erdbeeren (eventuell frische Beeren verwenden)
100 g Puderzucker
Saft von 1/2 Zitrone
2 Bananen
2 Kiwi
1 Becher geschlagene Sahne
Puderzucker oder Kakao zum Bestäuben

Schokoladensahne erst unmittelbar vor dem Servieren aufschlagen und anrichten.

Von Martina Eisenschmid, Kirchheim

Sahne erhitzen und die in Stücke gehackte Kuvertüre einrühren und darin auflösen. Die Schokoladensahne in ein hohes Gefäß geben und mindestens 24 Stunden kalt stellen. Beeren mit Puderzucker kurz erhitzen, pürieren und mit Zitronensaft abschmecken. Abkühlen lassen. Bei Verwendung von Himbeeren und gemischten Beeren nach dem Pürieren Fruchtsoße durch ein Sieb streichen damit die Kerne zurückbleiben. Fruchtsoße auf 6 große Teller verteilen, Tellerfahne mit Puderzucker oder Kakao bestäuben. Früchte in Scheiben schneiden und um die Tellerfahne anrichten (Bananen vorher kurz in Zitronensaft wenden). Schokoladensahne mit Handrührgerät aufschlagen, Nocken abstechen und jeweils 3 auf einen Teller setzen. Eventuell mit zwei Waffelröllchen anrichten.

Schoko-Tiramisu

Zutaten:
300 g dunkle Schokolade
400 g Mascarpone
150 ml Sahne (steif geschlagen)
400 ml kalter Kaffee (mit 50 g Zucker vermischt)
6 EL brauner Rum oder Weinbrand
36 Löffelbiskuits
etwa 400 g Kakaopulver (zum Bestäuben)

Die Tiramisu kann auch leicht gefroren serviert werden. Dazu die Tiramisu 2 Stunden einfrieren und sofort servieren.

Von Christine Wachter, Babenhausen

Die Schokolade in einer Schüssel über einem Topf mit heißem Wasser schmelzen. Dabei gelegentlich umrühren. Die Schokolade leicht abkühlen lassen und anschließend mit dem Mascarpone und der Sahne verrühren. Kaffee und Rum in einer Schüssel mischen. Die Löffelbiskuits in die Mischung tauchen. Sie sollen die Flüssigkeit aufsaugen, aber nicht matschig werden. Je drei Löffelbiskuits nebeneinander auf einen Dessertteller legen. Je eine Lage Mascarponecreme über die Biskuits schichten. Erneut drei Löffelbiskuits auf die Masseschicht legen, diese abermals mit Mascarponecreme bedecken und mit einer letzten Lage Löffelbiskuits abschließen. Die Tiramisu für mindestens 1 Stunde kalt stellen und vor dem Servieren mit Kakaopulver bestäuben.

Schokocreme

Zutaten:
1/2 l Milch
1/4 Vanilleschote
80 bis 100 g Zartbitter-Schokolade
2 Eigelb
50 g Zucker
4 TL (20 g) Stärkemehl
3 EL kalte Milch
2 Eiweiß
1/2 Becher Sahne
etwas Puderzucker

Creme am besten am Vortag herstellen und vor dem Servieren garnieren.

Von Sigrid Stachel, Waltenhofen

Topf mit Wasser ausspülen. Milch mit Vanilleschote (klopfen, spalten, ausschaben) und geraspelte Zartbitter-Schokolade zum Kochen bringen. Eigelb, Zucker, Stärkemehl und 3 EL Milch verrühren und in die kochende Milch einrühren, aufkochen lassen. Eiweiß steif schlagen. Vanilleschote entfernen und den Eischnee unter die noch heiße Creme heben. In Portionsschälchen füllen und kalt stellen. Die Sahne mit dem Puderzucker steif schlagen und die Creme damit garnieren.

Schokokuss-Mandarinenquark

Zutaten:
5 Schokoküsse
250 g Quark
1 Becher Sahne
1 Dose Mandarinen
1 Päckchen Vanillezucker

Von den Schokoküssen die Waffel abnehmen und die Schaummasse mit dem Quark verrühren. Die Sahne mit dem Vanillezucker steif schlagen. Mandarinen abtropfen und unter die Quarkcreme rühren. Die Sahne unterheben und in Dessertgläser füllen. Mit den Waffen dekorieren.

Schmeckt auch gut mit Erdbeeren oder anderen Früchten.

Von Leni Fimpel,
Leutkirch

Schokokuss-Schichtspeise

Zutaten:
100 g Kokosraspel
12 Schokoküsse
3 bis 4 EL Kirschwasser
250 g Magerquark
500 ml Schlagsahne
500 g Rote Grütze

Kokosraspel ohne Fett goldbraun rösten und abkühlen lassen. Die Waffelböden von den Schokoküssen ablösen, hacken und mit Kirschwasser vermischen. Die Schaummasse der Schokoküsse in eine Schüssel geben, grob zerkleinern und mit dem Quark verrühren. Die steif geschlagene Sahne unterrühren. Kokosraspel mit der Waffelmasse vermengen. Abwechselnd Quark-Sahne-Mischung, rote Grütze und Kokosraspel portionsweise in eine große Glasschüssel schichten.

Von Christa Kern, Hergensweiler

Schokopudding
»Schwarzwälder Art«

Zutaten:
1 Glas Kirschen
1 Päckchen Tortenguss
etwas Zucker
(nach Belieben)
1 Päckchen Schoko-
pudding
2 bis 3 EL Zucker
1/2 l Milch
1 Becher Sahne

Von Regina Holzmann, Steinbach

Die gekühlte Sahne steif schlagen. Schokopudding nach Anleitung kochen. Kirschen abtropfen lassen, den Kirschsaft mit Zucker und Tortenguss aufkochen und kurz kalt stellen. Ein paar Kirschen zum Verzieren beiseite legen. Die restlichen Kirschen in Dessertgläser füllen und mit dem eingedickten Kirschsaft auffüllen. Nun den Schokopudding darauf geben und abkühlen lassen. Mit Sahne und den beiseite gelegten Kirschen garnieren.

Schokosahne

Zutaten:
1/2 l Sahne
150 g Zartbitter-
schokolade
150 g Vollmilchschokolade

Die flüssige Sahne und die Schokolade in einen Topf geben und bei leichter Hitze die Schokolade schmelzen. Wenn sich die Schokolade aufgelöst hat, die Masse abkühlen lassen und über Nacht kühl stellen. Am nächsten Tag kann die Schokosahne geschlagen werden. Kann zu allem gereicht werden, wo man auch normale Sahne nimmt, oder auch zu einem schnellen Schokokuchen. Für diesen benötigt man einen Biskuitteig der aus 200 g Zucker, 6 Eiern, 240 g Mehl und 1 TL Backpulver besteht. Teig backen und einfach die geschlagene Sahne darauf geben und verzieren.

Von Reinhilde Zaiser,
Oy

Schottischer Traum

Zutaten:
450 g Himbeeren
1 Dose Pfirsiche
250 g Sahne
1 Päckchen Vanillezucker
500 g Joghurt
3 EL Zucker

Zum Verzieren:
brauner Zucker
oder Krokant

Die Himbeeren putzen und in eine Glasschüssel geben. Pfirsiche abtropfen lassen, klein schneiden und auf die Himbeeren schichten (eventuell einige Himbeeren oder Pfirsichstücke zum Verzieren beiseite stellen). Die Sahne mit dem Vanillezucker steif schlagen und darüber geben. Den Joghurt mit dem Zucker verrühren und auf die Sahne streichen. Zuletzt den braunen Zucker oder Krokant auf die oberste Schicht streuen und alles nach Wunsch mit Himbeeren oder Pfirsichstücken verzieren.

Von Resi Kempter,
Wangen

Schwanentraum

Zutaten:
1 Päckchen Götterspeise
(Waldmeister
Geschmack)
Brandteig:
1/4 l Wasser
50 g Butter
1 Prise Salz
125 g Mehl
4 Eier
1/4 TL Backpulver

Schwanenfüllung:
300 bis 400 g Sahne
Vanillezucker
Sahnesteif

Von Mechthilde Keller, Hergatz

Von der Götterspeise 1 Beutelinhalt verwenden, nach Packungsanleitung eine Götterspeise herstellen (statt Wasser kann auch Weißwein verwendet werden). In eine flache Schale oder Stollenplatte gießen und im Kühlschrank fest werden lassen. Ein Blech vorbereiten, leicht einfetten und mit Mehl bestäuben. Teig in eine Spritze füllen und 8 Teighäufchen aufspritzen (oval). 8 Hälse spritzen (diese sind vorher fertig, daher im Blech vorne anbringen). Backzeit insgesamt etwa 25 bis 30 Minuten. Nach dem Backen die ovalen Teile waagrecht durchschneiden und obere Schicht für die Flügel noch einmal in der Mitte schneiden (sollte es innen noch teigig sein, noch einmal auf das Blech legen und in den abgeschalteten Röhre nachtrocknen lassen). Dann abkühlen lassen. In der Zwischenzeit die Sahne steif schlagen, Vanillezucker und Sahnesteif zugeben und dann die Körper füllen, die Hälse einsetzen, Sahne darüber und zuletzt die Flügel platzieren. Die fertigen Schwäne auf die erstarrte Götterspeise geben.

Schwarz-Weiß-Muffins

Eine Waage, zwei Schüsseln und einen Schneebesen und los geht's. Die Muffins gehen sehr schnell und einfach. Schmecken auch sehr gut ohne Glasur.

Von Roswitha Köhler, Oberstaufen

Backofen auf 190 Grad (Umluft: 170 Grad) vorheizen. Muffinblech einfetten. Die trockenen Zutaten Mehl, Backpulver, Natron sorgfältig vermischen. in einer weiteren Schüssel das Ei, den Zucker, die saure Sahne und die Buttermilch verrühren. Die Mehlmischung in das Eigemisch geben und nur so lange rühren (Schneebesen) bis die trockenen Zutaten feucht sind. Die Hälfte des Tages in eine separate Schüssel geben.

Zutaten:
Teig:
280 g Mehl
2 1/2 TL Backpulver
1/2 TL Natron
1 Ei
120 g Zucker
80 ml Öl oder
125 g weiche Butter
150 g saure Sahne
160 g Buttermilch
45 g Vollmilchschokolade
(klein geschnitten)
1 EL Kakaopulver
3 EL Milch
45 g weiße Schokolade
(klein geschnitten)

Glasur:
Vollmilchkuvertüre und
weiße Kuvertüre

die Vollmilchschokolade, das Kakaopulver und die Milch zufügen und verrühren. Zur anderen Teighälfte die weiße Schokolade zufügen, wenn zu fest, Milch zufügen. Muffinblech füllen, abwechselnd einen Löffel dunklen Teig, einen Löffel hellen Teig. Bei 180 Grad (Umluft 160 Grad) auf mittlerer Schiene 20 bis 25 Minuten backen. Nach dem Backen 5 bis 10 Minuten ruhen lassen, dann aus der Form nehmen. Kuvertüre schmelzen und die Muffins damit überziehen.

Schwarzwaldbecher

Zutaten:
1 Glas Kirschen
500 g Quark
200 g Sahne
80 g Zucker
1 Päckchen Vanillezucker
Raspelschokolade

Kirschen abtropfen lassen. Quark, Zucker und Vanillezucker mit etwas Kirschsaft verrühren. steif geschlagene Sahne unterheben. Quark mit Kirschen in Dessertgläser schichten. Mit Raspelschokolade bestreuen.

Von Genofeva Schmalholz,
Kammlach

Schwarzwälder Kirschbecher

Zutaten für 2 Personen:
185 g Kirschen ohne Stein
250 g Magerquark
etwas Zitronensaft
1 Prise Salz
1 bis 2 EL Zucker
1/8 l Sahne
1 Vanillezucker
Schokoraspeln
1/8 l Sahne

Kirschen abseihen, Magerquark, Zitronensaft und Salz verrühren. Zucker, Sahne und Vanillezucker steif schlagen und unter die Quarkmasse heben. Schichtweise in Gläser füllen und zum Schluss verzieren.

Schnell gemacht und sieht noch Klasse aus.

Von Uli Steinle-Senn,
Füssen

Schwarzwälder Kirschbecher

Zutaten:
1 Glas Sauerkirschen
1 EL Speisestärke
1 TL Zucker
1 EL Kirschwasser
250 g Quark
1 Päckchen Vanillezucker
3 EL Zucker
200 ml Sahne
4 Waffelröllchen
etwas Schokoraspel

Von Susanne Höring,
Lauben

Den Kirschsaft abgießen und in einem Topf erhitzen. Die Speisestärke mit etwas Kirschsaft und dem Zucker anrühren und in den kochenden Saft einrühren. Die Kirschen und das Kirschwasser untermengen. Quark, Zucker und Vanillezucker mit dem Rührgerät verrühren. Die Sahne steif schlagen und darunter mischen. Die Kirschen und die Quarkmasse schichtweise in Eisbecher füllen und mit Waffelröllchen, Kirschen und Schokoraspel verzieren.

Schwarzwaldbecher

Zutaten:
75 g Zucker
1 Päckchen Vanillezucker
4 EL Milch
2 gestrichene EL »Mondamin«
1/4 l Milch
250 g Quark
2 EL Kirschwasser
1/2 Glas Sauerkirschen

Zucker, Vanillezucker, Milch und »Mondamin« zu einer glatten Creme verrühren. Milch zum Kochen bringen und die Creme einrühren. Abkühlen lassen und den Quark mit dem Kirschwasser einrühren. Quarkpuddingmasse und Sauerkirschen schichtweise in Glasschälchen füllen und mit Schokostreuseln verzieren.

Von Anna Harscher,
Bad Wurzach
Bild: Sandra Walk

Schwarzwälder Kirschcreme

Zutaten:
1 l Milch
2 Päckchen Vanillepuddingpulver
150 g Zucker
10 EL kalte Milch
2 EL Kirschwasser
250 ml Schlagsahne
1 Päckchen Vanillezucker
375 g entsteinte Sauerkirschen (aus dem Glas)
50 g geraspelte Schokolade

Wenn Kinder mitessen, das Kirschwasser weglassen.

Von Anja Fehnle,
Untrasried
Bild: Anke Wirth

Milch zum Kochen bringen. Puddingpulver und Zucker mit der kalten Milch anrühren, in die kochende Milch rühren und noch einmal aufkochen lassen. Pudding kalt stellen und ab und zu durchrühren, dass sich keine Haut bildet. Sahne mit Vanillezucker steif schlagen. 3 EL in einen Spritzbeutel geben und beiseite legen. Restliche Sahne, Kirschwasser und geraspelte Schokolade unter den kalten Pudding rühren. Abwechselnd mit den Kirschen in Dessertgläser geben. Die oberste Schicht muss aus Creme bestehen. Die Creme mit Sahnetupfen und geraspelter Schokolade garnieren.

Stracciatella-Quark

Zutaten für 6 bis 8 Personen:
500 g Quark
1 Becher Sahne
1 Becher Joghurt natur
100 bis 150 g Zucker (nach Geschmack)
1 Messerspitze Vanillepulver
1 Tafel Schokolade (Vollmilch oder Zartbitter)

Sahne steif schlagen. Quark, Joghurt, Zucker und Vanille mit Rührgerät vermengen. Aus der Schokolade mit dickem Gurkenhobel Schokoraspeln machen. Sahne und Raspeln mit dem Schneebesen unter die Quarkmasse heben. Auf Schälchen verteilen und verzieren.

Bald essen! Kann für die Vollwertküche auch mit Honig zubereitet werden.

Von Elfriede Nußbaumer, Oberstaufen

Süße Haushaltswaffeln

Zutaten:
125 g Butter
75 g Zucker
1 Päckchen Vanillezucker
3 Eier
1 EL Rum
125 g Mehl
125 g Speisestärke
2 TL Backpulver
Milch nach Belieben
(etwas mehr als 1/8 l)

Sahne und Sauerkirschen dazu servieren.

Butter, Zucker und Vanillezucker schaumig rühren, anschließend Eier, Rum, Mehl, Stärke und Backpulver zugeben. Den Teig mit Milch verrühren bis er dickflüssig vom Löffel geht. Waffeleisen einschalten und mit Fett einpinseln. Eine Suppenkelle Teig einfüllen und goldbraun backen. Abgekühlt mit Puderzucker bestreuen.

Von Sylvia Eckart,
Rettenberg
Bild: Gabi Striegl

Süße Lasagne

Zutaten:
Lasagnescheiben
2 bis 3 Äpfel
3 Eier
75 g Zucker
1 Vanillezucker
500 g Quark
300 ml flüssige Sahne

Eier, Zucker und Vanillezucker schaumig rühren, Quark dazurühren und anschließend die fein gehobelten Äpfel darunter mischen. So viel flüssige Sahne dazurühren, dass eine zähflüssige Masse entsteht. Nun abwechselnd Quarkcreme und Lasagnescheiben in eine feuerfeste Form schichten. Das Ganze kommt dann bei 200 Grad 45 Minuten in den Backofen.

Wenn der Quark sehr weich ist, eventuell nicht die ganzen 300 ml Sahne aufbrauchen. Statt Äpfel können auch in kleine Würfel geschnittene Pfirsiche oder Aprikosen verwendet werden.

Von Rita Krug,
Wiggensbach

Süße Lasagne

Zutaten:
3 Eier
75 g Zucker
1 Päckchen Vanillezucker
500 g Magerquark
300 ml Sahne
ca. 8 bis 10 Lasagne-
blätter
ca. 700 g Früchte nach
Wahl
(ich habe 4 Äpfel,
2 Scheiben Ananas,
1 Banane verwendet)

Eier, Zucker, Vanillezucker und Quark schaumig rühren. Flüssige Sahne unterrühren. Äpfel klein hacken (ich habe sie ungeschält verwendet), Ananas fein schneiden, Banane in Scheibchen schneiden. Alle Früchte in die Masse einrühren. Den Boden einer Auflaufform mit der Füllung dünn bedecken, dann die Lasagneblätter drauflegen. Diesen Vorgang wiederholen, bis alle Füllung aufgebraucht ist. Mit der Füllung abschließen. Das Ganze im Backofen bei 200 Grad etwa 45 Minuten backen. (Sollte leicht goldgelbe Farbe bekommen.) Schmeckt auch kalt und mit wenig Puderzucker bestäubt sehr gut.

Von Rita Krug,
Wiggensbach

Süßer Kuss

Zutaten:
250 g Butter
300 g Haferflocken
80 g Zucker
3 EL Kakao
1 EL Kaffee
ein wenig Orangensaft

Zum Verzieren:
Kokosraspel oder
Schokoladenguss

Die Zutaten nacheinander in eine Schüssel geben und zu einem bissfesten Teig kneten. Den Teig anschließend zu einzelnen kleinen Kugeln formen und in Kokosraspeln rollen oder in flüssigen Schokoladenguss eintauchen. Danach etwa 2 1/2 Stunden ruhen lassen.

Der »Süße Kuss« kann auch
mit etwas Rum verfeinert werden.

Von E. Müller,
Rieden
Bild: Gabi Striegl

Süßer Nudelauflauf

Zutaten:
300 g Bandnudeln
100 g Butter
1 TL Salz
175 g Zucker
4 Eier getrennt
geriebene Zitronenschale
75 g Korinthen
75 g geriebene Mandeln
2 geschälte, in kleine Stücke geschnittene Äpfel
500 g Sahnequark
30 g Butter zum Ausfetten

Bandnudeln in Salzwasser gar kochen. Dann Butter, Zucker und Eigelb schaumig rühren. Quark, Mandeln, Äpfel, Korinthen und Zitronenschale dazugeben. Die gekochten Nudeln untermischen und das steif geschlagene Eiweiß unterheben. Eine Auflaufform mit Butter ausfetten. Die Nudelmasse einfüllen und bei 200 Grad etwa 50 Minuten backen.

Von Rosa Erd,
Nesselwang
Bild: Sylvia Weixler

Süßer Schwan

Für den Teig das Wasser mit dem Fett zum Kochen bringen. Das Mehl mit der Speisestärke mischen und auf einmal in die von der Kochstelle genommene Flüssigkeit schütten. Zu einem glatten Kloß verrühren, unter Rühren etwa 1 Minute erhitzen, den heißen Kloß sofort in eine Rührschüssel geben. Nach und nach die Eier mit einem Handrührgerät mit Knethaken auf höchster Stufe unterarbeiten. Weitere Eizugabe erübrigt sich, wenn der Teig stark glänzt und so von einem Löffel abreißt, dass lange Spitzen hängen bleiben. Das Backpulver in den erkalte-

Zutaten:
250 ml Wasser
50 g Margarine oder Butter
150 g Weizenmehl
30 g Speisestärke
4 bis 5 Eier
1 gestrichenen TL Backpulver

Man kann ihn auch mit Sauerkirsch-Pudding oder Crème fraîche füllen

ten Teig einarbeiten. Mit einem Spritzbeutel Schiffchen (etwa 12 cm) auf das mit Backfolie ausgelegte Blech spritzen und in den vorgeheizten Backofen (etwa 200 Grad) schieben. Die Backzeit beträgt etwa 20 bis 25 Minuten. Sofort nach dem Backen quer durchschneiden. Für die Hälse: Etwa 6 bis 7 cm Köpfe formen. Wie eine große 2. Nur 15 Minuten backen. Zubereitung weiter: Die geschlagene Sahne dann auf das untere Teil geben. Den Hals draufsetzen, dann den oberen Teil längs durchschneiden, so dass daraus Flügel entstehen. Mit Puderzucker bestreuen. Dieser Schwan ist fast zu schade zum essen.

Von Elisabeth Senn, Füssen

Tiramisu

Zutaten:
500 g Mascarpone
5 Eigelb
100g Zucker
1/8 l starker Kaffee
1/8 l Milch
Kakaopulver
2 cl Amaretto
200 g Löffelbiskuit

Milch mit 1 EL Kakaopulver und 1 EL Zucker kurz aufkochen, Espresso und Amaretto dazugeben. Eigelb mit restlichem Zucker schaumig rühren, dann mit Mascarpone zu einer Creme mischen. In eine Auflaufform eine Lage Löffelbiskuits legen, mit der Hälfte der Flüssigkeit tränken und darauf die Hälfte der Creme verteilen. Dasselbe noch einmal. Über Nacht im Kühlschrank ziehen lassen. Vor dem Servieren mit Kakao überziehen.

Von Claudia Schuhmacher, Sinningen

Tiramisu

Zutaten:
4 Eigelb
100 g Zucker
500 g Mascarpone
150 g Löffelbiskuits zum Auslegen
40 ml Kaffeelikör
1/8 l kalter Kaffee
2 EL Kakaopulver

Eigelb schaumig schlagen, Zucker einrieseln lassen. Mascarpone zu der Eigelbzuckermasse geben und kräftig verrühren, so dass eine glatte Masse entsteht. Eine Auflaufform mit Löffelbiskuits auslegen. Likör und kalten Kaffee mischen und Löffelbiskuits damit tränken. Mascarponemasse darüber geben und glatt streichen. Einige Stunden oder über Nacht im Kühlschrank kalt stellen. Vor dem Servieren Kakaopulver darüber sieben.

Von Maria Volkert, Winzer

Tiramisu – leicht

Zutaten:
30 Löffelbiskuits
250 ml starken, kalten Kaffee
50 ml Amaretto
1 Packung Vanillepudding
80 g Zucker
1/2 l Milch
250 g Speisequark
1 Packung Vanillezucker
Kakao zum Bestäuben

Die Hälfte der Löffelbiskuits in einer Schüssel auslegen, mit etwas Kaffee und Amaretto tränken. Vanillepudding nach Packungsanleitung mit 80 g Zucker zubereiten, zum Auskühlen stellen. Den Speisequark mit Vanillezucker vermischen und unter den lauwarmen Pudding heben. Anschließend das Puddinggemisch auf die Löffelbiskuits schichten. Die restlichen Löffelbiskuits auf den erkalteten Pudding legen, wiederum mit Kaffee und Amaretto tränken. Anschließend im Kühlschrank oder über Nacht auskühlen lassen. Vor dem Servieren mit Kakaopulver bestäuben.

Statt dem Amaretto kann man auch Amarettinis verwenden, die man mit den Löffelbiskuits im Kaffee tränkt. Die abgeriebene Schale einer Zitrone oder Orange verleiht dem Ganzen eine gewisse Frische.

Von Stefanie Fichtl,
Rückholz

Tiramisu ohne Ei

Zutaten:
250 g Mascarpone
250 g Quark
100 g Zucker
1 Päckchen Vanillezucker
1/8 l Sahne
Amaretto
2 Tassen starker Kaffee
Kakao
2 Päckchen Löffelbiskuit oder hellen Biskuitboden

Für die Creme Mascarpone, Quark, Zucker und Vanillezucker verrühren. Danach die geschlagene Sahne unterheben. Mit Amaretto verfeinern. Den Biskuit mit dem kalten Kaffee kurz tränken und in eine Form schichten. Die Amaretto-Creme darüber streichen. Nochmals ein bis zwei mal schichten. Die letzte Schicht ist die Creme und nun das Tiramisu mindestens 5 Stunden kalt stellen. Vor dem Genießen mit Kakao bestäuben.

Von Alexandra Kobold,
Marktoberdorf

Topfenknödel

Zutaten:
250 g Topfen (Quark)
2 Eier
2 alte Semmel
100 g Gries
1 TL Salz

Die Semmeln in Wasser einweichen, gut ausdrücken, passieren. Topfen, Grieß, Eier und Salz dazumischen. Die Masse unbedingt 1 Stunde stehen lassen. Mit einem Löffel mittelgroße Knödel formen, in reichlich kochendes Salzwasser einlegen, 10 Minuten ziehen lassen. Man kann die Knödel in mit Butter gerösteten Bröseln wälzen und zu Kompott oder Obst essen.

Topfenknödel sind bei unseren Kindern mit Obst sehr beliebt.

Von Margit Bayler,
Frickenhausen

Topfenpalatschinken

Zutaten:
Palatschinken:
200 g Mehl
2 Eier
300 ml Milch
Salz

Topfenmasse:
150 ml Milch
3 Eier
50 g weiche Margarine
Salz
4 EL Zucker
1 Päckchen Vanillezucker
1 TL abgeriebene
Zitronenschale
250 g Quark
50 g Rosinen
2 EL Margarine
zum Einfetten
Puderzucker
zum Bestäuben

Aus Mehl, Eiern, Milch und Salz 6 Pfannkuchen backen. Für die Topfenmasse (Füllung) 2 Eier trennen, Eiweiß steif schlagen. Eigelb, Margarine, Salz, 3 EL Zucker, Vanillezucker und Zitronenschale schaumig rühren. Quark und Rosinen unterrühren. Eischnee unterheben. Palatschinken mit der Topfenmasse bestreichen, aufrollen, in der Mitte durchschneiden und in eine gefettete Auflaufform legen. 1 Ei mit 150 ml Milch und 1 EL Zucker verrühren und über die Palatschinken gießen. Im vorgeheizten Backofen bei 175 Grad etwa 30 Minuten backen. Mit Puderzucker bestäuben und sofort servieren.

Von Patricia Stöckeler,
Legau
Bild: Gerlinde Hörmann

Traubencocktail

Zutaten:
250 g blaue und weiße Trauben
2 EL Mandelsplitter
Saft von einer Zitrone
3 EL Zucker
1/8 l Sahne (ungeschlagen)
1/8 l Naturjoghurt
1 Päckchen Vanillezucker

Statt einem Becher können auch zwei Becher Naturjoghurt verwendet werden.

Zitrone auspressen, mit dem Zucker mischen. Trauben waschen, halbieren und entkernen. Gemischt in Dessertgläser füllen. Mit Mandelsplittern bestreuen und süßen Zitronensaft darüber gießen. Sahne, Joghurt und Vanillezucker verrühren und über die Trauben gießen. Kalt stellen.

Von Rosmarie Brugger,
Marktoberdorf

Traubencreme

Zutaten:
1/2 l Sahne
1/4 l saure Sahne
250 g Mascarpone
1/8 l weißer Traubensaft
4 EL Zitronensaft
100 g Zucker
6 Blatt Gelatine
500 g weiße und blaue Trauben
50 g Krokant

Die Sahne steif schlagen und kalt stellen. Die saure Sahne, Mascarpone, Traubensaft, Zitronensaft und Zucker zusammen verrühren. Danach die Gelatine auflösen und unter die Masse heben. Die Trauben vierteln und mit dem Krokant und der Sahne ebenfalls unterheben. (Etwas Sahne und ein paar Trauben zum Verzieren zur Seite stellen). Nun die Creme in Schalen verteilen und mit Sahne und Trauben eventuell mit Zitronenmelisse verzieren. Im Kühlschrank kalt stellen.

Von Johanna Brauchle,
Wielazhofen

Traumcreme

Zutaten:
1 Päckchen Vanillepudding
1/2 l Milch
3 EL Zucker
1 Becher Sahne
250 g gefrorene oder
 frische Beerenfrüchte
(beispielsweise Himbeeren oder auch Brombeeren)
Zucker nach Geschmack

Von Irene Hipp,
Steingaden
Bild: Simone Frank

Vanillepudding kochen und abkühlen lassen (öfter mal umrühren). Beeren mit 4 Esslöffeln Wasser zu Kompott kochen, nach Belieben süßen und abkühlen lassen. Kurz vor dem Servieren die Sahne steif schlagen und unter den Pudding ziehen. Schichtweise in Dessertschälchen füllen. Nach Belieben garnieren.

Tropical-Mandarinen-Dessert

Zutaten:
1 Dose Mandarinen
1 Päckchen Vanillepuddingpulver
1 Päckchen »Aranca« Creme (Pfirsich-Maracuja-Geschmack oder Mandarinengeschmack)
150 g Joghurt Natur
400 ml Sekt

Die Dose Mandarinen abgießen, dabei den Saft auffangen und mit Sekt auf 350 ml auffüllen. Diese Mischung zum Kochen bringen, dann das mit 6 EL Wasser angerührte Puddingpulver unterrühren, kurz aufkochen und die Mandarinen unterheben. Die Mischung 5 Minuten abkühlen lassen und dann in Dessertgläser füllen. Anschließend »Aranca«-Creme mit 200 ml Sekt und dem Joghurt nach Packungsangabe zubereiten (Wasser wird dabei durch den Sekt ersetzt) und auf die Fruchtmasse geben. Das Dessert mindestens 2 Stunden im Kühlschrank fest werden lassen.

Die Fruchtmasse kann mit etwas Zucker abgeschmeckt werden. Den schiefen Fruchtspiegel (Foto) erhält man durch Schiefstellen des Glases. Dazu die Dessertgläser mit der Fruchtmasse während der Zubereitung der »Aranca«-Creme 5 bis 10 Minuten in den Kühlschrank (an die Kühlschrankwand gelehnt) stellen.

Von Daniela Echtler,
Stötten

Tutti Frutti

Von Karin Peter, Wiggensbach

Biskuitteig: Die Eigelbe, heißes Wasser, Vanillezucker mit der Hälfte des Zuckers schaumig rühren. Die Eiweiße mit dem restlichen Zucker und der Prise Salz steif schlagen und unter die Eigelbmasse heben. Das Mehl mit dem Backpulver darüber sieben und unterziehen. Den Teig auf ein mit Pergamentpapier belegtes Backblech streichen und auf der mittleren Schiene ca. 15 bis 20 Minuten backen. Anschließend den Biskuitteig auskühlen lassen.

Zutaten:
Biskuitteig:
5 Eigelbe
5 Eiweiße
2 EL heißes Wasser
150 g Zucker
1 Päckchen Vanillezucker
1 Prise Salz
120 g Mehl
1/2 TL Backpulver

Gekochte Creme:
3 Eigelbe
60 g Zucker
1 Päckchen Vanillezucker
25 g Speisestärke
1/2 l Milch
3 Eiweiße

Obstsalat:
etwa 600 g gemischtes Obst
Zucker
Zitronensaft

Gekochte Creme: Die Eigelbe mit dem Zucker und dem Vanillezucker schaumig rühren. Die Speisestärke unterrühren und vorsichtig die Milch dazugeben. Unter ständigem Rühren aufkochen lassen. Das Eiweiß steif schlagen und unter die lauwarme Vanillecreme heben.
Obstsalat: Das Obst klein schneiden und mit etwas Zucker und Zitronensaft ziehen lassen.
Tutti Frutti: Abwechselnd Biskuitteig, Obstsalat und Vanillecreme in eine Schüssel schichten. Ein paar Stunden ziehen lassen und anschließend mit steif geschlagener Sahne verzieren.

Überbackene Pfannkuchen

Zutaten für 8 Personen:
200 g Mehl
3 Eier
1 Prise Salz
3/8 l Mineralwasser
50 g Butter
400 g Sahnequark
3 EL Zucker
50 g Rosinen
1/2 Vanilleschote
1 Eigelb
1 EL Rum
1/16 l Saure Sahne
60 g geröstete Mandelblättchen

Für die Form:
Butter

Von Claudia Holzmann,
Marktoberdorf

Das Mehl in eine Schüssel sieben und mit den Eiern, dem Salz und dem Mineralwasser zu einem glatten Teig verrühren. Den Teig zugedeckt 20 Minuten ruhen lassen. Die feuerfeste Form mit Butter einfetten. Den Backofen auf 200 Grad vorheizen. Die Butter nach und nach in einer großen Pfanne erhitzen und aus dem Teig 4 gleich große Pfannkuchen braten. Die fertigen Pfannkuchen warm stellen. Quark mit Zucker verrühren, Rosinen heiß waschen, trocken reiben und mit dem herausgekratzten Vanillemark, dem Eigelb und dem Rum unter den Quark mischen. Die Pfannkuchen mit dem Quark füllen, aufrollen und in die Form legen. Die saure Sahne darüber gießen und auf der mittleren Schiene im Backofen 20 Minuten überbacken. Vor dem Servieren mit den Mandelblättchen bestreuen.

Überbackene Pfannkuchen
mit Apfelfüllung

Zutaten:
Teig:
1/2 bis 3/4 l Milch
3 Eier
etwas Salz
Mehl
800 bis 1000 g Äpfel
(Golden Delizius)
Butter
Semmelbrösel
Rosinen
Nüsse
Zucker
Zimt
1 l Milch
1 Ei
1 Päckchen Puddingpulver

Pfannkuchenteig aus den oberen Zutaten machen und herausbacken. Butter in Pfanne zergehen lassen und Semmelbrösel anbräunen. Zimt, Zucker, eventuell Nüsse und Rosinen dazugeben. Zuletzt geraspelte Äpfel kurz durchmischen und dann die Pfannkuchen mit der Füllung füllen. Zusammengerollt in gefettete Auflaufform geben. Milch, ein Ei und Puddingpulver verrühren und über die Pfannkuchen gießen. Bei 200 Grad etwa 20 Minuten backen bis es leicht bräunlich wird.

Von Christine Schorer,
Görisried
Bild: Alexandra Nigst

Vanille-Himbeer-Traum

Zutaten für 6 Personen:
1 Päckchen Vanillepuddingpulver
500 ml Milch
130 g Zucker
75 g Pistazien (gehackt)
500 g Himbeeren
2 Päckchen roter Tortenguss
300 g Joghurt
2 Päckchen Vanillezucker

Den Vanillepudding mit der Milch und 2 EL Zucker nach Packungsanleitung herstellen. Die Pistazien unter den noch heißen Pudding rühren, auf Gläser verteilen. Mit 4 EL Zucker den Tortenguss nach Packungsanleitung herstellen. Die Himbeeren unter den Tortenguss heben, auf die Gläser verteilen. Den Joghurt mit dem restlichen Zucker und dem Vanillezucker verrühren. Auf die Himbeeren geben und 3 Stunden kalt stellen. Wer Pistazien nicht mag, einfach weglassen. Schmeckt auch ohne super!

Dessert wirkt in höheren Glasschälchen oder Weingläsern sehr gut.

Von Maria Merk,
Bernbeuren

Vanille-Orangen-Creme

Zutaten:
200 ml kalte Milch
100 ml kalter Orangensaft
1 Päckchen Orangencreme Vanillegeschmack
200 g stichfester Sauerrahm
1 Packung Soft-Cake Orange
Orangensaft zum Tränken
Zitronenmelisse zum Garnieren

Milch und Orangensaft mit dem Cremepulver mischen. Mit dem Handrührgerät 3 Minuten auf höchster Stufe cremig aufschlagen. Sauerrahm unterrühren. Creme abwechselnd mit Soft-Cake in Dessertgläser schichten. Dabei die Kekse mit der Schokoladenseite nach unten einlegen und mit Orangensaft tränken. Die letzte Schicht sollte Creme sein. Ein paar Kekse vierteln und zusammen mit der Zitronenmelisse zum Garnieren verwenden.

Von Veronika Sing,
Pfronten
Bild: Claudia Kiechle

Vanilleäpfel

Zutaten:
6 Äpfel
100 g gemahlene Nüsse
2 EL Marmelade
(Johannisbeer)
1 Messerspitze Zimt
500 g Milch
2 Eier
2 TL Stärke
1 Päckchen Vanillezucker
100 g Zucker

Nüsse mit Marmelade und Zimt mischen. Äpfel schälen, Kernhaus entfernen, in einen Topf setzen. Die Äpfel mit wenig Wasser etwa 5 Minuten dünsten. Danach herausnehmen und mit Nussfüllung füllen. Für die Soße die Milch mit dem Zucker in einen Topf geben und erwärmen. 2 Eigelb, die Stärke und den Vanillezucker verrühren und in die heiße Milch geben. Kurz aufkochen lassen. Danach 2 steif geschlagene Eiweiß unterheben. Anschließend Soße über die Äpfel gießen. Mit Zimt verzieren.

Schmeckt fruchtig frisch und angenehm süß!

Von Barbara Rößle,
Weibelshofen

Vanillepudding
mit Himbeer- oder Kirschsoße

Zutaten:
1 Glas Kirschen oder Himbeeren
1 Päckchen Vanillepudding
etwas Zucker
(nach Belieben)
2 Päckchen Vanillepudding
4 EL Zucker
1 l Milch
200 ml Sahne
Schokostreusel

Kirschen oder Himbeeren abtropfen lassen. Den Kirsch- bzw. Himbeersaft mit Zucker und Vanillepudding aufkochen und kurz kalt stellen. Vanillepudding nach Anleitung kochen. Obst in Dessertschalen geben, Vanillepudding darüber geben und abkühlen lassen. Nun die Kirsch- Himbeersoße darüber verteilen. Sahne steif schlagen. Und anschließend das kalte Dessert mit Sahne und Schokostreusel dekorieren.

Von Regina Holzmann,
Steinbach

Vanillewaffeln

Zutaten:
125 g Butter
125 g Zucker
2 Päckchen Vanillezucker
3 Eigelb
250 ml Milch
250 g Mehl
3 Eiweiß
1 Prise Salz
Butterschmalz zum Ausbacken

Die Butter mit dem Zucker und dem Vanillezucker schaumig schlagen. Die Eigelbe nach und nach dazugeben und kräftig darunter schlagen. Die Milch mit dem gesiebten Mehl zur Masse geben und zu einem glatten Teig verrühren. Das Eiweiß mit dem Salz steif schlagen und vorsichtig unter den Teig heben. Das erhitzte Waffeleisen ausfetten, portionsweise den Teig einfüllen und die Waffeln goldgelb ausbacken. Waffeln mit Sahne und Früchten oder Fruchtpüree servieren.

Von Andrea Brey,
Böhen

Versteckte Früchtchen

Zutaten:
300 bis 400 g Obst der Saison (Erdbeeren, Kirschen, Apfelmus)
200 g Löffelbiskuit
1 Becher Sahne
1 Becher Schmand
einige EL Likör oder Fruchtsaft

Zum Garnieren:
geröstete, gehackte Mandeln, Löffelbiskuits oder Früchte

Obst bei Bedarf zerkleinern und in eine flache Schüssel oder Glasform geben. Mit den Löffelbiskuits belegen und mit Likör oder Saft tränken. Die Sahne schlagen und den Becher Schmand unterheben. Vorsichtig auf den Löffelbiskuits verteilen und glatt streichen. Dann garnieren. Die Sahnecreme kann nach Wunsch auch mit Zucker gesüßt werden. Dieses Rezept reicht als Nachtisch für 6 bis 8 Personen.

Dieser Nachtisch braucht mindestens 2 Stunden Zeit zum Durchziehen!

Von Christa Hörburger, Dietmannsried

Vitaminbecher

**Zubereitung für
5 Personen:
Mascarpone-Creme:**
250 g Mascarpone
2 EL Multivitaminsaft
25 g Zucker
3 Äpfel
100 g geraspelte Mandeln

Für den Guss:
250 ml Multivitaminsaft
1 TL Zucker
1 Päckchen Tortenguss

Mascarpone mit dem Multivitaminsaft geschmeidig rühren, Zucker unterrühren. Äpfel schälen, halbieren, entkernen, grob raspeln und mit den Mandeln zusammen unterheben. Für den Guss aus Multivitaminsaft, Zucker und Tortengusspulver nach Packungsanleitung einen Guss zubereiten. Mascarpone-Creme und Guss schichtweise in Gläser füllen und mit geschlagener Sahne verzieren.

Von Dorothea Sutter,
Weiler

Vitamindessert

Zutaten:
2 Äpfel
2 Birnen
2 Orangen
2 Bananen
200 g Erdbeeren
100 g Himbeeren
100 g schwarze Johannisbeeren
1 Kiwi
100 g blaue Trauben
nach Geschmack etwas Zucker

Obst waschen, schälen und in Mixer zu Mus verarbeiten. Nach Belieben etwas zuckern. Auf 6 Schälchen verteilen und mit Früchten und Schokostreuseln verzieren.

Von Stefan Osterried,
Stötten

Weihnachts-Schoko-Dessert

Zutaten:
4 Schokoladenlebkuchen
1 Päckchen Schoko-
pudding
1/2 l Milch
Schokoladeneis
1 Becher Sahne
4 EL Amaretto
Schokostreusel zum
Verzieren

Lebkuchen in die Servierschale legen und anstechen. Mit 1 EL Amaretto tränken. Schokopudding kochen, heiß über die Lebkuchen gießen. Auskühlen lassen. Vor dem Servieren mit einer Kugel Schokoladeneis, Sahne und den Schokostreuseln verzieren.

Von Ingrid Heilmayer,
Kempten
Bild: Sandra Frank

Weiße Mousse-au-chocolat

Zutaten:
2 Eier
2 Eigelb
380 g weiße Blockschokolade
3 Blatt Gelatine
1 TL Amaretto
500 g Sahne

Schokolade zerkleinern und im Wasserbad schmelzen. Gelatine einweichen. Eier, Eigelb und Amaretto schnell mit dem Schneebesen in die flüssige Schokolade einrühren und mindestens weitere 10 Minuten unter Rühren erhitzen. Ausgedrückte Gelatine in die heiße Masse gut unterrühren. Masse kalt stellen und gelegentlich rühren. Die geschlagene Sahne unter die erkaltete Masse ziehen und mindestens 4 Stunden in den Kühlschrank stellen. Nocken abstechen und anrichten. Dazu schmecken frische Früchte sehr lecker.

Von Angelika Wagner,
Kronburg

Weiße Mousse »blitzschnell«

Zutaten:
200 g weiße Schokolade
325 ml Sahne

Die Schokolade in Stückchen brechen, mit 125 ml der Sahne in eine Schüssel geben, und im Wasserbad schmelzen. Schokoladenmasse glatt rühren und 1 bis 2 Stunden im Kühlschrank auskühlen lassen. Die restliche Sahne steif schlagen und unter die Schokoladenmasse heben. Kühl stellen. Mit frischen Erdbeeren oder Erdbeerpüree servieren. Auch andere etwas herbe Früchte wie beispielsweise Brombeeren sind eine passende Ergänzung.

Von Daniela Hillenbrand, Böhen

Windbeutel

Zutaten:
250 ml Wasser
1 Prise Salz
1 EL Zucker
50 g Butter oder Margarine
150 g Mehl
4 Eier

Fülle:
2 Becher Sahne
1 Päckchen Vanillezucker
Zucker nach Belieben
Früchte nach Jahreszeit

Achtung! Backröhre nicht vorzeitig öffnen!

Von Christine Redler, Bolsterlang
Bild: Gerlinde Hörmann

Wasser, Salz und Zucker in einem Topf erhitzen. Butter oder Margarine darin schmelzen. Wenn die Flüssigkeit kocht, Topf von der heißen Platte nehmen. Mehl sieben, auf einmal in die kochend heiße Flüssigkeit geben und glatt rühren. Den Teig auf der Herdplatte abbrennen bis sich die Masse vom Topf löst und sich am Boden eine weiße Teighaut anlegt. Teig vom Herd nehmen. Eier einzeln verquirlen, nach und nach unter kräftigem Rühren zugeben. Teig nach jeder Eizugabe glatt rühren. Teig mit nassen Löffeln oder mit dem Spritzbeutel ausformen, auf einem mit Backpapier ausgelegten Blech backen. Die Backzeit beträgt etwa 15 bis 20 Minuten bei einer Backtemperatur von 200 bis 210 Grad. Für die Fülle: Sahne steif schlagen, Früchte waschen, putzen, schälen und zerkleinern. Windbeutel halbieren, mit Sahne und Früchten füllen, zuletzt mit Puderzucker bestreuen.

Winterapfel

Zutaten:
4 Äpfel
Glühwein
1 Päckchen Sahnepudding
1/2 l Milch
1 Päckchen Mandel-
blättchen
150 g Zucker
2 gestrichene TL Zimt
Sahne nach Belieben

Äpfel schälen und entkernen. Danach in Glühwein mit 75 g Zucker und 1 gestrichenen TL Zimt kochen lassen. Je nach Apfelsorte 3 bis 10 Minuten. Äpfel abtropfen lassen und auf Serviertellern verteilen. Sahnepudding kochen und über die Äpfel gießen. Mandelblättchen mit 75 g Zucker und dem restlichen Zimt leicht anrösten bis der Zucker karamellisiert. Dann sofort von der Kochstelle nehmen. Nach dem Erkalten über den Winterapfel gießen.

Von Ingrid Heilmayer,
Kempten
Bild: Sandra Frank

Zebra-Creme

Zutaten:
2 Päckchen Vanille-
puddingpulver
2 Päckchen
Schokopuddingpulver
2 l Milch
4 EL Zucker
(für Vanillepudding)
6 EL Zucker
(für den Schokopudding)
50 ml Sahne
Waffelröllchen zum
Verzieren

Von Helena Ziegler,
Buchloe

Vanillepudding kochen. 1 l Milch abmessen. Puddingpulver Vanille mit 4 EL Zucker und 6 EL Milch glatt rühren. Die übrige Milch aufkochen. Angerührtes Puddingpulver einrühren, einmal aufkochen und unter Rühren etwa 1 Minute köcheln lassen. Zur gleichen Zeit in einem anderen Topf den Schokoladenpudding kochen. Die gleiche Zubereitung wie beim Vanillepudding, nur 6 EL Zucker nehmen. Vanillepudding und Schokoladenpudding abwechselnd in Gläser füllen. 2 Stunden kalt stellen. Sahne steif schlagen, süßen, Zebra-Creme mit einem Sahnetupfer, Waffelröllchen und einer Apfelrose verzieren.

A Feschtla oder Sonntag isch so schea,
wenn's o an Nachtisch gibt all mea.
Mit Obst und Eis und Sahne nei.
Hm, des schmeckt o nau da Männer fei.

Zimtparfait
mit heißen Sauerkirschen

Zutaten:
5 Eigelb
125 g Puderzucker
1 cl Cognac oder Rum
250 g Sahne
1/2 Glas Sauerkirschen
1/2 TL Zimt
125 ml Rotwein
2 TL Stärkemehl
etwas Zucker

Die Eigelbe, gesiebten Puderzucker und den Cognac im Wasserbad schaumig schlagen. Zimt zugeben. Danach im Eiswasser unter ständigem Schlagen abkühlen lassen. Die Sahne schlagen, dann unter die Creme rühren. Die Masse in eine Kastenform (mit Folie ausgelegt) oder in eine Silikonbackform füllen und einfrieren. Den Rotwein und Sauerkirschsaft erwärmen. Zucker dazugeben. Stärkemehl mit dem Saft anrühren und in den kochenden Rotwein einrühren. Kirschen dazu. Gefrorenes Zimtparfait in Scheiben schneiden und mit den heißen Kirschen servieren.

Schmeckt im Winter besonders gut!

*Von Anita Gretz,
Reicholzried
Bild: Ulrike Finkenzeller*

Zitronen-Quarkcreme
mit Erdbeersoße

Zutaten:
Creme:
4 Blatt weiße Gelatine
2 Eier
50 g Zucker
abgeriebene Schale und Saft von 1 unbehandelten Zitrone
1 Becher Magerquark (250g)
125 l Schlagsahne

Erdbeersoße:
250 g Erdbeeren
50 g Zucker
etwas Zitronensaft

Von Johanna Zeller,
Bad Grönenbach
Bild: Rosi Müller

Gelatine nach Packungsanleitung einweichen. Eier und Zucker schaumig rühren, Zitronenschale und -saft mit dem Quark zufügen und unterrühren. Ausgedrückte Gelatine auflösen und gleichmäßig unterrühren. Kalt stellen. Sahne steif schlagen. Wenn die Quarkmasse zu gelieren anfängt, steif geschlagene Sahne unterheben. Etwa 2 Stunden kalt stellen. Für die Soße: Erdbeeren waschen, putzen und klein schneiden. Zucker zufügen, alles fein pürieren. Zitronensaft beigeben. Abschmecken. Nach Wunsch die Creme mit einem Esslöffel abstechen und jeweils drei Nocken auf einen Teller geben. Erdbeersoße darum verteilen. Nach Wunsch mit der Zitronenmelisse garnieren.

Zitronencreme

Zutaten:
6 Blatt weiße Gelatine
2 Eigelb
1 Päckchen Vanillezucker
70 g Zucker
Schale und Saft von
2 Zitronen
1 EL Wasser
3/8 l Milch
2 Eiweiß
1 Becher Sahne
1 Zitrone zum Garnieren

Von Birgit Müller,
Friesenhofen

Die Gelatine quellen lassen. Inzwischen das Eigelb, den Vanillezucker und den Zucker schaumig rühren, bis die Masse fast weiß ist. Nun die Schale und den Saft von den Zitronen und das Wasser zufügen. Die Gelatine auflösen und unter die Masse rühren. Die Milch dazugeben und nochmals gut durchrühren. Anschließend die Masse im kalten Wasserbad halb steif schlagen. Zuerst den Eischnee und anschließend die Hälfte der Sahne unter die Creme ziehen. Die Creme in Schälchen verteilen, mit der restlichen Sahne und den Zitronenscheiben garnieren und im Kühlschrank noch ganz fest werden lassen.

Zitronencreme mit Erdbeeren

Zutaten:
250 g Erdbeeren
1 unbehandelte Zitrone
1 Eigelb
4 TL Speisestärke
1/4 l Milch
2 gestrichene TL Zucker
1 Prise Salz
150 g Vollmilchjoghurt
4 Zitronenscheiben
zum Garnieren

Die Erdbeeren vorsichtig waschen, putzen und vierteln. Von der Zitrone die Schale abreiben und den Saft auspressen. Das Eigelb und die Speisestärke in 4 bis 5 EL Milch anrühren. Die restliche Milch mit Zucker und Salz zum Kochen bringen. Die angerührte Stärke hineingießen und unter Rühren kurz aufkochen lassen. Zitronensaft, Zitronenschale und Joghurt unterrühren. Die Joghurtcreme mit den Erdbeeren in hohe Gläser füllen und mindestens 2 Stunden im Kühlschrank kalt stellen. Vor dem Servieren mit Zitronenscheiben garnieren.

Von Johanna Zeller,
Bad Grönenbach
Bild: Gerlinde Hörmann

Rühren Sie 1 EL Cassislikör
unter die Joghurtcreme.

Zitronencreme mit Sahne

Zutaten:
1 Packung Cremespeisepulver Zitronengeschmack
(für 200 ml Wasser)
150 g Vollmilchjoghurt
(3,5 Prozent Fett)
200 g Sahne
1 Päckchen Vanillezucker
Zitronenmelisse zum Verzieren

200 Milliliter kaltes Wasser in eine Schüssel geben. Cremepulver dazugeben und schaumig schlagen. Aroma-Kapsel (liegt der Packung bei) aufschneiden, Flüssigkeit in die Creme drücken und mit dem Joghurt gleichmäßig unterrühren. Sahne und Vanillezucker steif schlagen, Sahne in Streifen unter die Zitronencreme ziehen und in Gläser verteilen. 2 Stunden kühl stellen und mit Zitronenmelisseblättchen verzieren.

Von Elfriede Wenger,
Unterroth
Bild: Sandra Frank

Zwetschgen-Bonbon

Zutaten:
Zwetschgen
Marzipan (ersatzweise Würfelzucker)
Blätterteig
(fertig gekauft)

Den Stein aus den Zwetschgen entfernen und mit einem Stück Marzipan (Würfelzucker) füllen. Rechtecke (je nach Größe der Zwetschgen) aus dem Blätterteig ausschneiden. Zwetschgen darauf legen und einpacken wie ein Bonbon. Auf ein mit Backpapier belegtes Backblech legen und bei 200 Grad etwa 15 bis 20 Minuten backen.

Dieses Gebäck ist schnell zubereitet und schmeckt frisch am Besten.

Von Maria Rudhart,
Leutkirch

Zwetschgenbavesen

Zutaten:
8 Scheiben Toastbrot
6 bis 8 EL Zwetschgenmus
20 g Mehl
1 Ei
250 ml Milch
1 Prise Salz
6 EL Öl
3 EL Zucker
1/2 TL Zimt

Jeweils zwei Scheiben Toastbrot mit dem Zwetschgenmus bestreichen und zusammenklappen. Mehl, Ei, Milch und Salz zu einem glatten Teig verrühren. Die gefüllten Toastbrotscheiben öfters in dem Teig wenden. Das Öl erhitzen. Die Toastbrotscheiben auf beiden Seiten goldgelb ausbacken. Die Zwetschgenbavesen auf einer Platte anrichten und warm halten. Zucker und Zimt mischen und über die Zwetschgenbavesen streuen.

Schmeckt auch mit anderen Marmeladensorten gut.

Von Karin Rehklau,
Memmingen-Steinheim
Bild: Ulrike Finkenzeller

Zwetschgenknödel

Zutaten:
60 g Butter
Salz
1 EL Zucker
3 Eigelb
500 g Quark
3 Eischnee
150 g Semmelbrösel
Zwetschgen

Dieses Rezept kann auch sehr gut mit Aprikosen (Marillenknödel), Trauben, Mirabellen oder Erdbeeren gemacht werden.

Aus Butter, Salz, Zucker und Eigelb eine sehr gute Schaummasse rühren. Quark unterrühren, Eischnee und Semmelbrösel zusammen unterheben. Semmelbrösel ohne Fett in einer Pfanne goldgelb rösten, dann Zimt und Zucker darunter heben, abkühlen lassen. Zwetschgen entsteinen, jede Zwetschge zur Hälfte aufschneiden und mit einem Würfelzucker füllen. Knödel formen, in die Mitte der Zwetschge geben, nochmals formen. Dann in kochendes Salzwasser geben und 15 Minuten ziehen lassen. Knödel aus dem Wasser nehmen, in den gerösteten Bröseln wenden und mit einer Vanillesoße servieren.

Von Angelika Frey,
Dirlewang

Zwetschgen-Törtchen

Zutaten:
200 g Butter
150 g Zucker
4 Eier
Zitronenschale
2 bis 3 EL Rum
200 g Mehl
1 TL Backpulver
etwa 15 Zwetschgen

Zum Bestreuen:
50 g gemahlene Nüsse
etwas Zucker und Zimt

Rührteig mit sehr gut gerührter Schaummasse herstellen. In alle Backförmchen (24 bis 30 Stück) etwas Teig und eine halbierte Zwetschge füllen. Diese mit Teig bedecken. Zum Schluss die Küchlein mit Nüssen, Zucker und Zimt bestreuen. Im vorgeheizten Backofen bei 175 Grad ca. 35 Minuten backen.

Anstelle von Zwetschgen können auch Apfelstücke verwendet werden.

Von Isolde Hirscher,
Leutkirch

Zwieback-Dessert

Zutaten:
500 g Himbeeren
4 cl Himbeergeist
4 Zwieback
1/8 l Sahne
1 EL Puderzucker
1 Haushaltspackung Vanilleeis
1 TL Schokoladenstreusel

Zubereitungszeit etwa 15 Minuten. Schmeckt sehr gut und ist schnell zubereitet.

Von Rita Sieber Talhof,
Wielazhofen
Bild: Ulrike Finkenzeller

Himbeeren pürieren. Mit einem Glas (2 cl) Himbeergeist mischen. Zwieback in eine Schüssel bröckeln und restlichen Himbeergeist darüber gießen. Zugedeckt beiseite stellen. Sahne in einer Schüssel mit Puderzucker steif schlagen. In einen Spritzbeutel füllen. Vanilleeis in 16 Würfel schneiden. Die Hälfte davon in 4 Dessertgläsern verteilen. Zwiebackmasse darüber geben. Die Hälfte der Himbeermasse darüber gießen. Restliche Eiswürfel darauf legen. Übrige Himbeermasse darüber gießen. Mit Sahne und Schokoladenstreuseln garnieren.